Korte Verhalen in het Deens

Korte verhalen in Deens voor beginners en gevorderden

Ella Andersen

greenthumbpublishing@gmail.com

Inhoud

Inleiding

Lezen in een vreemde taal is een van de meest effectieve manieren om uw taalvaardigheid te verbeteren en uw woordenschat uit te breiden. Toch kan het soms moeilijk zijn om boeiend leesmateriaal op een geschikt niveau te vinden dat een gevoel van prestatie en vooruitgang geeft. De meeste boeken en artikelen die voor moedertaalsprekers zijn geschreven, kunnen te lang zijn en moeilijk te begrijpen, of kunnen een woordenschat op zeer hoog niveau hebben, zodat u zich overweldigd voelt en het opgeeft. Als deze problemen bekend klinken, dan is dit boek iets voor jou!

Korte Verhalen in het Deens is een verzameling van 25 onconventionele en onderhoudende korte verhalen die zijn ontworpen om beginnende tot gemiddeld niveau Deens lerenden te helpen hun taalvaardigheden te verbeteren.

Deze korte verhalen creëren een ondersteunende leesomgeving door het opnemen van:

- Rijke taalkundige inhoud in verschillende genres om u te vermaken en u bloot te stellen aan een verscheidenheid van woordvormen.
- Kortere verhalen in hoofdstukken om u de voldoening te geven verhalen af te maken en snel vooruitgang te boeken.
- Teksten die op uw niveau geschreven zijn, zodat ze gemakkelijker te begrijpen zijn en niet overweldigend.
- Nederlandse vertaling op wisselende pagina's, zodat u er regel voor regel direct naar kunt verwijzen terwijl u het Deens verhaal leest.
- De belangrijkste woordenschat staat vetgedrukt in

het hele verhaal en de vertaling, zodat u onbekende woorden gemakkelijker kunt begrijpen.
- Begrijpelijke vragen om uw begrip van belangrijke gebeurtenissen te testen en om u aan te moedigen meer in detail te lezen.

Dus of u nu uw woordenschat wilt uitbreiden, uw begrip wilt verbeteren of gewoon voor uw plezier wilt lezen, dit boek is de grootste stap voorwaarts die u dit jaar in uw studie zult maken. Korte Verhalen in het Deens geeft u alle steun die u nodig hebt, dus leun achterover, ontspan, en laat uw fantasie de vrije loop terwijl u wordt meegevoerd naar een magische wereld van avontuur, mysterie en intrige - in het Deens!

Hoe dit boek te gebruiken

Lezen is een moeilijk talent om onder de knie te krijgen. We gebruiken een reeks microvaardigheden om ons te helpen lezen in onze moedertaal. We kunnen bijvoorbeeld een passage doornemen om een globaal idee te krijgen van waar het over gaat. Of we kammen een groot aantal bladzijden van een treindienstregeling door op zoek naar een specifieke tijd of plaats. Terwijl deze microvaardigheden een tweede natuur zijn bij het lezen in onze moedertaal, blijkt uit onderzoek dat we de meeste ervan vaak vergeten bij het lezen in een vreemde taal. Wanneer we een vreemde taal leren, beginnen we gewoonlijk bij het begin van een tekst en werken we ons een weg door de tekst, waarbij we elk woord proberen te begrijpen. Onvermijdelijk komen we onbekende of ingewikkelde termen tegen en raken we geïrriteerd door ons onvermogen om ze te begrijpen.

Een van de grootste voordelen van het lezen in een vreemde taal is dat je wordt blootgesteld aan een groot aantal zinnen en uitdrukkingen die in alledaagse situaties worden gebruikt. Extensief lezen is een term die wordt gebruikt om het lezen voor plezier aan te duiden om een taal te leren. Het is niet zoals het lezen van een tekstboek, wanneer gesprekken of teksten zijn ontworpen om langzaam en zorgvuldig te worden gelezen met het doel om elk woord te begrijpen. “Intensief lezen” verwijst naar lezen dat wordt gedaan om specifieke leerdoelen te bereiken of taken te voltooien. Anders gezegd, intensief lezen in tekstboeken helpt meestal bij het leren van grammaticaregels en bepaalde woordenschat, maar extensief lezen van verhalen helpt bij het leren van natuurlijke taal.

Korte Verhalen in het Deens biedt u de mogelijkheid om meer te leren over natuurlijk Deens taalgebruik, ook al bent u uw taalleertocht misschien begonnen met uitsluitend tekstboeken. Hier zijn een paar tips om in gedachten te houden als u de verhalen in dit boek leest om er het meeste uit te halen: Als het op lezen aankomt, zijn plezier en een gevoel van vervulling van cruciaal belang. Je blijft terugkomen voor meer omdat je geniet van wat je aan het lezen bent. Elk verhaal van begin tot eind lezen is de beste methode om plezier te beleven aan het lezen van verhalen en je volbracht te voelen. Het belangrijkste is dan ook om het einde van een verhaal te halen. Dat is eigenlijk nog belangrijker dan elk woord te kennen.

Hoe meer je leest, hoe meer kennis je zult opdoen. U zult snel een kennis hebben van hoe Deens werkt als u grotere boeken leest voor uw plezier. Bedenk echter wel dat u, om ten volle van de voordelen van extensief lezen te kunnen profiteren, eerst een voldoende omvangrijk boek moet lezen. Door hier en daar een paar bladzijden te lezen leert u misschien een paar nieuwe woorden, maar het zal geen significant verschil maken in uw algehele niveau van Deens.

Accepteer dat je niet alles zult begrijpen van wat je in een roman leest. Dit is, zonder twijfel, het meest cruciale punt! Onthoud altijd dat het volkomen aanvaardbaar is dat u niet alle woorden of zinnen begrijpt. Het betekent niet dat je taalvaardigheden ontoereikend zijn of dat je slecht presteert. Het geeft aan dat u actief betrokken bent bij het leerproces.

Leesgids

Om het meeste uit het lezen van Korte Verhalen in het Deens te halen, kunt u het beste dit eenvoudige leesproces in zes stappen volgen voor elk hoofdstuk van de verhalen:

1. Lees de titel van het hoofdstuk. Denk na over waar het verhaal over zou kunnen gaan. Lees dan het verhaal helemaal door. Uw doel is gewoon het einde van het verhaal te bereiken. Stop daarom niet om woorden op te zoeken en maak u geen zorgen als er dingen zijn die u niet begrijpt. Probeer gewoon de plot te volgen.

2. Wanneer u het einde van het verhaal hebt bereikt, scant u de Nederlandse vertaling om te zien of u hebt begrepen wat er is gebeurd en pikt u alle context op die u misschien hebt gemist.

3. 3. Ga terug en lees hetzelfde verhaal opnieuw. Als u wilt, kunt u zich meer op de details van het verhaal concentreren, maar anders leest u het gewoon nog een keer door.

4. 4. Werk vervolgens door de begripsvragen in Deens om te controleren of u de belangrijkste gebeurtenissen in het verhaal begrijpt. Als u de vragen niet helemaal begrijpt, hoeft u zich geen zorgen te maken. Gebruik uw kennis om zo goed mogelijk te antwoorden.

5. Op dit punt moet u de belangrijkste gebeurtenissen van het hoofdstuk enigszins begrijpen. Als dat niet het geval is, kunt u het hoofdstuk een paar keer herlezen, waarbij u de vertaling gebruikt om onbekende woorden en zinnen te controleren, totdat u zich zeker voelt.

Zodra u klaar bent en zeker weet dat u begrijpt wat er is gebeurd - of dat nu na één lezing van het verhaal is of na meerdere - gaat u verder met het volgende verhaal en geniet u verder van het verhaal in uw eigen tempo, net zoals u van elk ander boek zou genieten.

Pas als u een verhaal in zijn geheel hebt uitgelezen, moet u overwegen terug te gaan en de verhaaltaal desgewenst verder uit te diepen. Of in plaats van u zorgen te maken of u alles begrijpt, de tijd te nemen om u te concentreren op alles wat u hebt begrepen en uzelf te feliciteren met alles wat u hebt gedaan.

Korte Verhalen
in het Deens

Ella Andersen

Nat i København

Natten var ung, og det var vi også. Vi var lige ankommet til **København og** var klar til at udforske. Vi gik rundt i byen og tog imod seværdighederne og lydene fra dette nye sted. Luften var kold, men det gjorde os ikke noget. Vi var for begejstrede til at bekymre os om det. Vi **faldt** over en bar og besluttede os for at gå indenfor. Det var hyggeligt og varmt indenfor, og der brændte en ild i pejsen. Vi bestilte nogle **drinks og satte os** ved ilden for at slappe af. Mens vi **nippede til** vores drinks, kiggede vi på folk og talte om alle de ting, vi ville lave, mens vi var i byen. Der var så meget at se og gøre, at det var svært at vide, hvor vi skulle begynde! **Til sidst**, trætte af at have gået (og drukket), **besluttede** vi **os for** at gå i seng. Vi gik tilbage til vores hotelværelse og **fnisede** som skolepiger over alle de eventyr, der ventede os under vores ophold i København.

Den næste dag vågnede vi tidligt og besluttede at tage på gaden igen. Vi gik rundt i et stykke tid og stoppede i butikker og på caféer undervejs. Vi købte nogle **souvenirs** til vores venner derhjemme og **smagte på** nogle af de lokale retter. Om eftermiddagen tog vi på en bådtur rundt i byen. Det var så smukt! Solen skinnede, og vi fik set alle seværdighederne fra vandet.

Nacht in Kopenhagen

De nacht was nog jong, en wij ook. We waren net in **Kopenhagen** aangekomen en waren klaar om de stad te verkennen. We liepen door de stad en namen de bezienswaardigheden en geluiden van deze nieuwe plek in ons op. De lucht was koud, maar dat vonden we niet erg. We waren te opgewonden om er iets om te geven. We **stuitten** op een bar en besloten naar binnen te gaan. Het was er gezellig en warm, met een brandend vuur in de open haard. We bestelden wat **te drinken** en gingen bij het vuur zitten om te ontspannen. Terwijl we **van** onze drankjes nipten, keken we naar de mensen en spraken we over alle dingen die we wilden doen terwijl we in de stad waren. Er was zoveel te zien en te doen, het was moeilijk om te weten waar te beginnen! **Uiteindelijk**, moe van al het wandelen (en drinken), **besloten we** om het voor gezien te houden. We gingen terug naar onze hotelkamer, **giechelend** als schoolmeisjes over alle avonturen die ons te wachten stonden tijdens ons verblijf in Kopenhagen.

De volgende dag stonden we vroeg op en besloten opnieuw de straat op te gaan. We liepen een tijdje rond en stopten onderweg in winkeltjes en cafés. We kochten wat **souvenirs** voor onze vrienden

Bagefter gik vi rundt lidt mere og tog alting ind. Da det begyndte at blive mørkt, befandt vi os i Tivoli **Gardens - en** forlystelsespark lige midt i hjertet af København! Vi kørte i nogle forlystelser, spillede nogle spil og spiste masser af junkfood, inden vi endelig **tog** tilbage til vores hotelværelse igen. På vores sidste dag i **København** ville vi sikre os, at vi så alt det, som vi ikke havde nået at se endnu. Vi startede med at besøge statuen Den Lille **Havfrue -** et af Københavns mest berømte vartegn. Derefter gik turen til Rosenborg Slot, inden vi tog over til Christiansborg Slot (hvor det danske parlament har sæde).

På dette tidspunkt var vores fødder ved at være i **stykker,** men der var en ting mere på vores liste: Nyhavn er et **malerisk** havneområde med farverige bygninger, der bare tigger om at blive **fotograferet**! Og det var så der, vi endte med at tilbringe vores sidste par timer i Danmark; vi gik rundt i Nyhavn hånd i hånd, som om intet andet betød noget i verden end at være sammen i det øjeblik. " Og det var sådan vi tilbragte vores tre nætter i København.

thuis en **proefden van** de lokale keuken. In de namiddag maakten we een boottocht door de stad. Het was zo mooi! De zon scheen en we zagen alle bezienswaardigheden vanaf het water. Daarna liepen we nog wat rond en namen alles in ons op. Toen de avond begon te vallen, bevonden we ons in Tivoli **Garden - een** pretpark in het hart van Kopenhagen! We reden in een aantal attracties, speelden een aantal spelletjes, en aten veel junk food voordat we eindelijk weer op weg gingen naar onze hotelkamer. Op onze laatste dag in **Kopenhagen**, wilden we er zeker van zijn dat we alles gezien hadden waar we nog geen tijd voor hadden gehad. We begonnen met een bezoek aan het standbeeld van de Kleine **Zeemeermin** - een van de meest bekende bezienswaardigheden van Kopenhagen. Daarna gingen we naar het Rosenborg kasteel en daarna naar het Christiansborg paleis (de zetel van het Deense parlement).

Op dit punt **deden** onze voeten zeer, maar er stond nog één ding op ons lijstje: Nyhavn is een **schilderachtig** havengebied met kleurrijke gebouwen die er gewoon om smeken om **gefotografeerd** te worden! En zo brachten we uiteindelijk onze laatste uren in Denemarken door; hand in hand rondlopend in Nyhavn alsof er niets anders in de wereld toe deed dan samen zijn op dat moment. "En dat is hoe we onze drie nachten in Kopenhagen hebben doorgebracht.

Forståelse spørgsmål

1. Hvad er hovedpersonens første tanker, da han ankommer til København?

2. Hvor tager hovedpersonen og deres ledsager hen efter at have forladt deres hotelværelse? første aften?

3. Hvad laver hovedpersonen på den anden dag i København?

4. Hvorfor er Tivoli en passende aktivitet for hovedpersonen på deres tredje aften i København?

5. Hvordan føler hovedpersonen sig ved slutningen af rejsen?

6. Hvad er hovedpersonens favorit ved København?

7. Hvad synes hovedpersonen om maden i København?

8. Hvad er hovedpersonens mening om Rosenborg Slot?

9. Hvad synes hovedpersonen om Nyhavn?

10. Ville hovedpersonen anbefale en rejse til København til andre?

Begrip vragen

1. Wat zijn de eerste gedachten van de hoofdpersoon als hij in Kopenhagen aankomt?

2. Waar gaan de hoofdpersoon en zijn metgezel heen nadat ze hun hotelkamer hebben verlaten?
eerste nacht?

3. Wat doet de hoofdpersoon op de tweede dag in Kopenhagen?

4. Waarom is Tivoli Gardens een geschikte activiteit voor de hoofdpersoon op hun derde avond in Kopenhagen?

5. Hoe voelt de hoofdpersoon zich aan het eind van de reis?

6. Wat is het favoriete van de hoofdpersoon in Kopenhagen?

7. Wat vindt de hoofdpersoon van het eten in Kopenhagen?

8. Wat is de mening van de hoofdpersoon over kasteel Rosenborg?

9. Wat vindt de hoofdpersoon van Nyhavn?

10. Zou de hoofdpersoon een reis naar Kopenhagen aan anderen aanbevelen?

Den gamle vindmølle

Den gamle **vindmølle** havde været forladt i årevis. Men da den nye **familie** flyttede ind, besluttede de sig for at sætte den i stand. **Far** og søn arbejdede sammen for at få vingerne til at dreje igen. Og snart lavede møllen igen mel. Møllen blev et populært sted for turister. De kom for at se **vingerne** dreje i vinden og købe frisk mel af familien. Faderen og sønnen nød at have folk omkring sig og høre deres historier. En dag kom der en **kvinde på** besøg, som fortalte, at hun havde boet i huset ved møllen, da hun var barn. Hun fortalte dem om, hvordan hendes **bedstefar** plejede at drive møllen i dens storhedstid. Mens hun talte, kunne faderen og sønnen se, at hun stadig havde en dyb tilknytning til dette sted på **trods af** alle de år, der var gået. Kvindens bedstefar var gået bort for nogle år siden, men hun kom stadigvæk på besøg på den gamle mølle.

Hun sad ved vinduet i sin bedstefars værelse og så på, hvordan **bladene** drejede sig. Det bragte så mange **minder frem i** hendes bevidsthed. En dag besluttede hun sig for at tage ned til møllen og tale med den far og søn, der nu drev den. De var glade for at høre hendes historier om stedets historie. Og de fortalte hende, at hun altid var velkommen til at komme på besøg, når hun havde lyst. Kvinden blev en regelmæssig

De Oude Windmolen

De oude **windmolen stond er** al jaren verlaten bij. Maar toen de nieuwe **familie hier kwam wonen**, besloten ze hem op te knappen. **Vader** en zoon werkten samen om de wieken weer te laten draaien. En al snel maakte de molen weer meel. De molen werd een populaire plek voor toeristen. Ze kwamen kijken hoe de **wieken** draaiden in de wind en kochten vers meel van de familie. Vader en zoon vonden het leuk om mensen te ontvangen en naar hun verhalen te luisteren. Op een dag kwam er een **vrouw op bezoek** die vertelde dat ze als kind in het huis bij de molen had gewoond. Ze vertelde hoe haar **grootvader in de** hoogtijdagen de molen had bediend. Terwijl ze praatte, konden de vader en zoon zien dat ze nog steeds een diepe band met deze plek had**, ondanks al** die jaren verschil. De grootvader van de vrouw was een paar jaar geleden overleden, maar ze kwam nog steeds naar de oude molen.

Ze zat bij het raam in haar opa's kamer en keek hoe de **wieken** draaiden. Het bracht zoveel **herinneringen** bij haar naar boven. Op een dag besloot ze naar de molen te gaan en te praten met de vader en zoon die hem nu runden. Ze waren blij met haar verhalen over de geschiedenis van de plaats. En ze vertelden haar

besøgende på møllen. Hun tog sine **børnebørn** og oldebørn med for at se den. Og hun stoppede altid op og talte med faderen og sønnen, som drev den. De var **blevet** gode venner i årenes løb. En dag begyndte kvindens helbred at blive dårligere, og hun vidste, at hun ikke ville være i stand til at komme tilbage til møllen igen.

Så hun spurgte **faderen** og sønnen, om de kunne holde øje med den for hende. De **lovede, at** de ville passe på den, ligesom hun havde gjort for alle de år siden. Den gamle vindmølle står stadig i dag. Bladene drejer ikke længere, men det er ikke desto mindre et smukt syn. Og når vinden blæser, kan man stadig høre den svage lyd af møllen, der kværner mel. Kvinden **døde for** et par år siden, men hendes familie kommer stadig på besøg i møllen. De sidder i hendes bedstefars værelse og kigger ud på **vingerne, der** drejer i vinden. Og de husker alle de glade stunder, de havde her sammen med deres bedstemor. Den gamle vindmølle er et symbol på kvindens liv. Den er en påmindelse om hendes dybe tilknytning til dette sted og de **mennesker,** hun elskede. Og den vil altid være en del af hendes families historie.

dat ze altijd welkom was om langs te komen wanneer ze maar wilde. De vrouw werd een regelmatige bezoeker van de molen. Ze nam haar **kleinkinderen** en achterkleinkinderen mee om de molen te zien. En ze stopte altijd om te praten met de vader en zoon die de molen runden. Ze waren in de loop der jaren goede vrienden **geworden**. Op een dag begon de gezondheid van de vrouw achteruit te gaan, en ze wist dat ze niet meer naar de molen zou kunnen komen.

Dus vroeg ze de **vader** en zoon of ze een oogje in het zeil konden houden voor haar. Ze **beloofden dat** ze er voor zouden zorgen, net zoals zij al die jaren geleden had gedaan. De oude windmolen staat er nog steeds. De wieken draaien niet meer, maar het is toch een mooi gezicht. En als de wind waait, hoor je nog steeds het vage geluid van de molen die meel maalt. De vrouw **is** een paar jaar geleden overleden, maar haar familie komt de molen nog steeds bezoeken. Ze zitten in de kamer van haar grootvader en kijken naar de **wieken** die draaien in de wind. En ze herinneren zich alle gelukkige tijden die ze hier met hun grootmoeder beleefden. De oude windmolen is een symbool van het leven van de vrouw. Het is een herinnering aan haar diepe verbondenheid met deze plek en de **mensen** van wie ze hield. En het zal altijd een deel van de geschiedenis van haar familie zijn.

Forståelse spørgsmål

1. Hvad gjorde den nye familie, da de flyttede ind i huset ved den gamle vindmølle?

2. Hvordan blev møllen populær igen?

3. Hvem kom på besøg i møllen en dag?

4. Hvad sagde kvinden, der kom på besøg, til faderen og sønnen?

5. Hvorfor begyndte kvinden at komme på besøg på møllen igen?

6. Hvordan ændrede forholdet mellem kvinden og faderen og sønnen sig over tid?

7. Hvad bad kvinden faderen og sønnen om at gøre, før hun døde?

8. Hvad er den gamle vindmølle et symbol på for kvindens familie?

9. Hvad gør familien, når de besøger den gamle vindmølle?

10. Hvad repræsenterer lyden af møllen, der kværner mel, for kvindens familie?

Begrip vragen

1. Wat deed het nieuwe gezin toen ze in het huis bij de oude windmolen trokken?

2. Hoe is de molen weer populair geworden?

3. Wie kwam er op een dag de molen bezoeken?

4. Wat zei de vrouw die op bezoek kwam tegen de vader en de zoon?

5. Waarom kwam de vrouw de molen weer bezoeken?

6. Hoe veranderde de relatie tussen de vrouw en de vader en zoon in de loop der tijd?

7. Wat vroeg de vrouw aan de vader en de zoon om te doen voordat ze stierf?

8. Waar is de oude windmolen een symbool van voor de familie van de vrouw?

9. Wat doet de familie als ze de oude windmolen bezoeken?

10. Wat betekent het geluid van de molen die meel maalt voor de familie van de vrouw?

Tivoli-haverne

Tivoli-haven var engang et **smukt** sted. Blomsterne blomstrede, træerne var grønne, og solen skinnede ned på de glade mennesker nedenunder. Men det var før krigen. Nu er haven kun en skygge af sit tidligere selv. Blomsterne er visnet, træerne er døde, og der er ingen tegn på **liv nogen** steder. Men selv i denne mørke tid er der stadig håb. En lille gruppe modstandskæmpere har brugt haverne som base **for at** slå tilbage mod besættelsesmagten. De planlægger og gennemfører dristige angreb mod fjendens mål og **forsvinder** altid i skyggerne **bagefter**. En aften får de besked om, at en højtstående embedsmand vil besøge haven for at inspicere den.

Dette er deres chance for at tage ham som gidsel og få en reel indflydelse på krigsindsatsen! De udarbejder omhyggeligt deres planer og venter på, at han ankommer. Embedsmanden ankommer lige til tiden, flankeret af et **dusin** tungt bevæbnede livvagter. Modstandskæmperne går i aktion og angriber med alt, hvad de har. Men **livvagterne** er for stærke, og embedsmanden undslipper. Kæmperne omgrupperer sig i haven, slikker deres sår og planlægger deres næste træk. De ved, at dette blot var et tilbageslag - de får snart en ny chance for at slå til. I **mellemtiden** vil

Tivoli Tuinen

De Tivoli Tuinen waren ooit een **prachtige** plek. De bloemen bloeiden, de bomen waren groen, en de zon scheen op de gelukkige mensen beneden. Maar dat was voor de oorlog. Nu zijn de tuinen een schaduw van hun vroegere zelf. De bloemen zijn verwelkt, de bomen zijn dood, en er is nergens een teken van **leven**. Maar zelfs in deze donkere tijd, is er nog hoop. Een kleine groep verzetsstrijders gebruikt de tuinen als **uitvalsbasis** om terug te slaan tegen de bezettingstroepen. Ze plannen en voeren gewaagde aanvallen uit op vijandelijke doelen, en **verdwijnen daarna altijd** in de schaduw. Op een nacht krijgen ze te horen dat een hoge ambtenaar de tuinen zal bezoeken voor een inspectie.

Dit is hun kans om hem te gijzelen en een echte impact te hebben op de oorlogsinspanning! Ze maken hun plannen zorgvuldig en wachten tot hij aankomt. De ambtenaar arriveert precies op tijd, geflankeerd door een **dozijn** zwaar bewapende lijfwachten. De verzetsstrijders komen in actie en vallen aan met alles wat ze hebben. Maar de **lijfwachten** zijn te sterk en de ambtenaar ontsnapt. De strijders hergroeperen zich in de tuinen, likken hun wonden en plannen hun volgende zet. Ze weten dat dit slechts een tegenslag was - ze

de fortsætte med at kæmpe fra **skyggerne** og vente på deres øjeblik til at skinne igen.

Modstandskæmperne er ved at blive desperate. De har **slået til** mod fjenden i månedsvis nu, men de synes altid at være et skridt bagud. De har brug for en stor sejr, noget, der virkelig vil øge moralen og give dem overtaget i denne krig. Så får de besked om, at embedsmanden er på **vej** tilbage til haverne. Denne gang har de ikke tænkt sig at lade ham slippe væk! De lægger et bagholdsangreb og venter på, at han ankommer. Embedsmanden ankommer, men denne gang er han forberedt. Han har et dusin livvagter med sig, samt en kampvogn! Modstandskæmperne kæmper en brav kamp, men de **kan** ikke klare fjendens overlegne ildkraft. De er **tvunget til at** trække sig tilbage ind i haven, og deres håb om at pågribe embedsmanden svinder endnu en gang. Men selv i nederlaget nægter de at opgive håbet.

zullen snel genoeg een andere kans krijgen om toe te slaan. In de **tussentijd zullen** ze blijven vechten vanuit de **schaduw**, wachtend op hun moment om weer te schitteren.

De verzetsstrijders worden wanhopig. Ze **vallen** de vijand nu al maanden aan, maar ze lijken steeds een stap achter te liggen. Ze hebben een grote overwinning nodig, iets dat hun moraal echt zal opkrikken en hen de bovenhand zal geven in deze oorlog. Dan krijgen ze te horen dat de ambtenaar **terugkomt** naar de tuinen. Deze keer laten ze hem niet ontsnappen! Ze zetten een hinderlaag op en wachten tot hij aankomt. De ambtenaar arriveert, maar deze keer is hij voorbereid. Hij heeft een dozijn lijfwachten bij zich, en ook een tank! De verzetsstrijders zetten een dappere strijd op, maar ze zijn geen **partij** voor de superieure vuurkracht van de vijandelijke troepen. Ze worden **gedwongen zich terug** te trekken in de tuinen, hun hoop om de ambtenaar te arresteren vervliegt nog eens. Maar zelfs met een nederlaag, weigeren ze de hoop op te geven.

Forståelse spørgsmål

1. Hvordan var Tivolihaven før krigen?

2. Hvad laver modstandskæmperne i haverne?

3. Hvad sker der, når den højtstående embedsmand besøger haverne for at inspicere dem?

4. Hvorfor har modstandskæmperne brug for en stor sejr?

5. Hvad gør tjenestemanden, da han bliver overfaldet anden gang?

6. Hvordan føler modstandskæmperne sig efter deres mislykkede bagholdsangreb?

7. Hvad er modstandskæmpernes heldige udfald?

8. Hvad gør modstandskæmperne, da de endelig fanger embedsmanden?

9. Hvilken betydning har embedsmanden for modstandskæmperne?

10. Hvad er den overordnede stemning i teksten?

Begrip vragen

1. Hoe zagen de Tivoli Tuinen eruit voor de oorlog?

2. Wat doen de verzetsstrijders in de tuinen?

3. Wat gebeurt er als de hoge ambtenaar de tuinen bezoekt voor een inspectie?

4. Waarom hebben de verzetsstrijders een grote overwinning nodig?

5. Wat doet de ambtenaar als hij voor de tweede keer wordt overvallen?

6. Hoe voelen de verzetsstrijders zich na hun mislukte hinderlaag?

7. Wat is het geluk van de verzetsstrijders?

8. Wat doen de verzetsstrijders als ze eindelijk de ambtenaar gevangen hebben?

9. Wat is de betekenis van de ambtenaar voor de verzetsstrijders?

10. Wat is de algemene stemming van de tekst?

Rejse til Rundetårn

Jeg vågnede tidligt i morges og var ivrig efter at starte min rejse. Jeg havde planlagt den i ugevis, og alt var endelig på plads. Jeg pakkede min taske med noget tøj og et par snacks og tog derefter af sted mod Rundetårn, det tårn, der **står** i centrum af **København**. Min plan var at **klatre** op på toppen og nyde udsigten over byen nedenunder. Da jeg gik gennem gaderne, kunne jeg ikke undgå at lægge mærke til alle de mennesker, der skyndte sig rundt i deres hverdag. Det fik mig til at føle mig en smule misundelig; de syntes alle at vide, hvor de skulle hen, og hvad de lavede, mens jeg følte mig som en fortabt **turist** i min egen by. Men snart nok **ankom** jeg til Rundetrn og begyndte at gå op ad de snoede trapper. Det tog mig et stykke tid at nå toppen, men da jeg nåede den, var udsigten mere end det hele værd; København strakte sig foran mig i al sin pragt, funklende i morgensolen."

Da jeg stod på toppen af Rundetrn, følte jeg, at jeg kunne se **alt**. Byen travlhed under mig, og havnen glitrede i det fjerne. Jeg kunne endda se et par både, der var på vej ud på havet. Det var et smukt syn, som jeg aldrig vil glemme. Men mens jeg stod der og tog det hele i mig, skete der noget mærkeligt; jeg begyndte at føle mig svimmel og svimmel. Det næste, jeg vidste,

Reis naar Rundetårn

Ik werd vanochtend vroeg wakker, gretig om aan mijn reis te beginnen. Ik had het al weken gepland en eindelijk stond alles op zijn plaats. Ik pakte mijn tas in met wat kleren en een paar snacks, en ging toen op weg naar Rundetrn, de toren die in het centrum van **Kopenhagen staat**. Mijn plan was om naar de top te klimmen en te genieten van het uitzicht over de stad beneden. Terwijl ik door de straten liep, viel mijn oog op alle mensen die zich door hun dagelijkse leven haastten. Ik werd er een beetje jaloers van; zij leken allemaal te weten waar ze heen gingen en wat ze aan het doen waren, terwijl ik me een verloren **toerist** in mijn eigen stad voelde. Maar al snel **kwam** ik bij Rundetrn aan en begon de wenteltrap te beklimmen. Het duurde even voor ik boven was, maar toen dat gelukt was, was het uitzicht meer dan de moeite waard; Kopenhagen strekte zich in al zijn glorie voor me uit, glinsterend onder de ochtendzon."

Toen ik op de top van Rundetrn stond, had ik het gevoel dat ik **alles** kon zien. De stad bruiste onder me, en de haven glinsterde in de verte. Ik zag zelfs een paar boten die op weg waren naar zee. Het was een prachtig gezicht en een die ik nooit zal vergeten. Maar terwijl ik daar stond en het allemaal in me opnam, gebeurde

var, at jeg faldt. På en eller anden måde lykkedes det mig at overleve mit fald fra Rundetrn. Da jeg ramte jorden, forventede jeg at være død eller i det mindste alvorligt kvæstet, men i stedet havde jeg kun nogle få blå mærker og ridser. "Det er et mirakel!" sagde folk, mens de flokkedes om mig. "Du må være blevet reddet af en engel!" Jeg blev **rystet** af mit fald, men var ellers **uskadt**. Da jeg kom på benene, kunne jeg ikke lade være med at føle, at noget havde ændret sig. Det var som om jeg havde fået en ny **chance** i livet, og jeg vidste, at jeg måtte få det bedste ud af den.

Fra da af besluttede jeg mig for at leve hver dag fuldt ud og sætte pris på alle de små ting i livet. Og hver gang jeg kigger ud over **København** fra Rundetårn, bliver jeg mindet om, hvor **heldig** jeg er. " Der er gået et par år siden mit fald fra Rundetrn, og livet har **behandlet** mig godt. Jeg **bor** stadig i København, og jeg har endda **stiftet** min egen familie. Min kone og jeg tager ofte vores børn med til Rundetrn for at vise dem udsigten over byen. Og hver gang vi gør det, kan jeg ikke lade være med at tænke tilbage på den skæbnesvangre dag, hvor jeg faldt ... men også på hvor taknemmelig jeg er for at være i live. "

er iets vreemds; ik begon me duizelig en licht in mijn hoofd te voelen. Het volgende dat ik wist, was dat ik viel. Op de een of andere manier, overleefde ik mijn val van Rundetrn. Toen ik de grond raakte, verwachtte ik dood te zijn of op zijn minst ernstig gewond, maar in plaats daarvan had ik alleen een paar blauwe plekken en schrammen. “Het is een wonder!” zeiden de mensen terwijl ze zich om me heen verdrongen. “Je moet gered zijn door een engel!” Ik was **geschokt** door mijn val, maar verder **ongedeerd**. Toen ik weer overeind kwam, had ik het gevoel dat er iets was veranderd. Het was alsof ik een tweede **kans** op leven had gekregen, en ik wist dat ik er het beste van moest maken.

Vanaf dat moment heb ik besloten om elke dag ten volle te leven en alle kleine dingen in het leven te waarderen. En elke keer als ik vanaf Rundetrn over **Kopenhagen uitkijk**, word ik eraan herinnerd hoe **gelukkig** ik ben. “Het is al een paar jaar geleden sinds mijn val van Rundetrn, en het leven heeft me goed **behandeld**. Ik **woon** nog steeds in Kopenhagen, en ik **heb** zelfs mijn eigen gezin gesticht. Mijn vrouw en ik nemen onze kinderen vaak mee naar Rundetrn om ze het uitzicht op de stad te laten zien. En elke keer als we dat doen, kan ik niet anders dan terugdenken aan die noodlottige dag dat ik viel... maar ook hoe dankbaar ik ben dat ik nog leef. “

Forståelse spørgsmål

1. Hvad gør hovedpersonen, da han ankommer til Rundetrn?

2. Hvordan har hovedpersonen det med de mennesker, han ser i København?

3. Hvad ser hovedpersonen fra toppen af Rundetrn?

4. Hvad sker der med hovedpersonen, mens han er på toppen af Rundetrn?

5. Hvordan har hovedpersonen det, efter at han er faldet ned fra Rundetrn?

6. Hvad siger folk til hovedpersonen, efter at han er faldet?

7. Hvordan ændrer hovedpersonens fald hans syn på livet?

8. Hvad gør hovedpersonen anderledes efter sit fald?

9. Hvordan har hovedpersonen det, når han tager sin familie med til Rundetrn?

10. Hvad tænker hovedpersonen på, når han ser på Rundetrn med sin familie?

Begrip vragen

1. Wat doet de hoofdpersoon als hij in Rundetrn aankomt?

2. Wat vindt de hoofdpersoon van de mensen die hij in Kopenhagen ziet?

3. Wat ziet de hoofdpersoon vanaf de top van Rundetrn?

4. Wat gebeurt er met de hoofdpersoon als hij op de top van Rundetrn is?

5. Hoe voelt de hoofdpersoon zich nadat hij van Rundetrn is gevallen?

6. Wat zeggen de mensen tegen de hoofdpersoon nadat hij gevallen is?

7. Hoe verandert de val van de hoofdpersoon zijn kijk op het leven?

8. Wat doet de hoofdpersoon anders na zijn val?

9. Hoe voelt de hoofdpersoon zich als hij met zijn gezin naar Rundetrn gaat?

10. Waar denkt de hoofdpersoon aan als hij met zijn gezin naar Rundetrn kijkt?

Skøjteløb på frosne kanaler

Gravene i Amsterdam er et smukt syn om vinteren. De er endnu **smukkere,** når du skøjter på dem. Jeg var heldig nok til at opleve dette på første hånd for nylig. Jeg havde altid gerne villet skøjte på kanalerne, men havde aldrig haft chancen. Så da jeg så, at de var frosset til, vidste jeg, at jeg måtte udnytte det. Jeg **lejede** nogle skøjter og begav mig ud på isen. Det var en **fantastisk** følelse at glide hen over kanalens glatte overflade. Den kolde luft var forfriskende og opkvikkende. Og landskabet var simpelthen betagende. Indimellem stoppede jeg op for at beundre udsigten eller tage et billede. Til sidst nåede jeg tilbage til bredden og afleverede mine skøjter tilbage. Det var en **uforglemmelig** oplevelse, som jeg helt sikkert snart vil gentage igen!

Jeg vågnede tidligt næste morgen og var ivrig efter at komme ud på kanalen igen. Jeg havde drømt om at stå på skøjter hele natten lang. Jeg tog hurtigt **tøj på** og gik ned til udlejningsbutikken. Men da jeg ankom, var der et skilt på døren, hvor der stod "lukket". **Skuffet** vendte jeg mig om for at gå, men så hørte jeg **nogen** kalde mit navn. Det var ejeren af butikken. Han fortalte mig, at

Schaatsen op bevroren grachten

De grachten van Amsterdam zijn een prachtig gezicht in de winter. Ze zijn nog **mooier** als je er op schaatst. Ik had het geluk om dit onlangs uit de eerste hand te ervaren. Ik heb altijd al eens op de grachten willen schaatsen, maar had nooit de kans gehad. Dus toen ik zag dat ze dichtgevroren waren, wist ik dat ik er gebruik van moest maken. Ik **huurde** een paar schaatsen en ging het ijs op. Het was een **geweldig** gevoel om over het gladde oppervlak van het kanaal te glijden. De koude lucht was verfrissend en verkwikkend. En het landschap was gewoon adembenemend. Zo nu en dan stopte ik om het uitzicht te bewonderen of een foto te maken. Uiteindelijk keerde ik terug naar de oever en bracht mijn schaatsen terug. Het was een **onvergetelijke** ervaring en een die ik zeker snel nog eens zal herhalen!

De volgende ochtend werd ik vroeg wakker, popelend om het kanaal weer op te gaan. Ik had de hele nacht gedroomd over schaatsen. Ik kleedde me snel **aan** en ging naar de verhuurwinkel. Maar toen ik daar aankwam, hing er een bordje op de deur met de tekst “gesloten”. **Teleurgesteld** wilde ik weggaan, maar

han ville åbne tidligt kun for mig. Han vidste, hvor meget jeg ønskede at skate igen, og han ville ikke have, at jeg skulle gå glip af min chance. Så vi tog vores **skøjter** på og gik på isen endnu en gang! Mens jeg skøjter langs kanalen, kan jeg ikke lade være med at føle mig **taknemmelig** for denne mulighed. Det er ikke ofte, at man får mulighed for at skøjte på en frossen kanal. Og det er endnu sjældnere, at man får mulighed for at gøre det to gange på en uge! Jeg er **fast besluttet på** at få det bedste ud af det, mens jeg kan.

Hver dag bruger jeg et par timer på at stå på skøjter. Og hver gang udforsker jeg en anden del af kanalen. Der er så mange smukke seværdigheder at se, og der er så meget historie at lære om. At skøjte på Amsterdams **kanaler er** hurtigt blevet en af mine yndlingsaktiviteter! En morgen vågnede jeg op og opdagede, at kanalerne var tøet op i løbet af natten. Al isen var væk, og **vandet** flød igen. Jeg vidste, at min tid med at skøjte på skøjter på kanalerne var forbi. Men jeg var allerede i gang med at planlægge min næste tur! Der er trods alt ikke noget bedre end at skøjte på skøjter på en frossen kanal i Amsterdam! Nu er jeg **hjemme** igen, men jeg kan ikke holde op med at tænke på min tid i Amsterdam. at skøjte på de frosne kanaler var en utrolig oplevelse, som jeg aldrig vil **glemme**. Jeg tæller allerede dagene ned til næste vinter!

toen hoorde ik **iemand** mijn naam roepen. Het was de eigenaar van de winkel. Hij zei me dat hij vroeg open zou gaan, alleen voor mij. Hij wist hoe graag ik weer wilde skaten en hij wilde niet dat ik mijn kans zou missen. Dus we trokken onze **schaatsen aan** en gingen nog eens het ijs op! Terwijl ik langs het kanaal schaats, voel ik me **dankbaar** voor deze kans. Het gebeurt niet vaak dat je op een bevroren kanaal kunt schaatsen. En het gebeurt nog minder vaak dat je het twee keer in één week kunt doen! Ik ben **vastbesloten** er het beste van te maken zolang ik kan.

Elke dag, spendeer ik een paar uur met skaten. En elke keer verken ik een ander deel van het kanaal. Er zijn zoveel mooie dingen te zien en zoveel geschiedenis om over te leren. Schaatsen op de Amsterdamse **grachten** is snel uitgegroeid tot een van mijn favoriete dingen om te doen! Op een ochtend werd ik wakker en ontdekte ik dat de grachten 's nachts waren ontdooid. Al het ijs was verdwenen en het **water** stroomde weer. Ik wist dat er een einde was gekomen aan mijn schaatstijd op de grachten. Maar ik was al bezig met het plannen van mijn volgende tocht! Er gaat tenslotte niets boven schaatsen op een bevroren gracht in Amsterdam! Ik ben nu weer **thuis**, maar ik kan niet stoppen met denken aan mijn tijd in Amsterdam. Schaatsen op de bevroren grachten was een ongelooflijke ervaring die ik nooit zal **vergeten**. Ik tel nu al de dagen af tot de volgende winter!

Forståelse spørgsmål

1. Hvad er forfatterens yndlingsbeskæftigelse i Amsterdam?

2. Hvad gør forfatteren, da han først ankommer til udlejningsforretningen?

3. Hvordan har forfatteren det med at skøjte på kanalerne?

4. Hvorfor er det noget særligt at skøjte på kanalerne om natten?

5. Hvad laver forfatteren på sin sidste dag i Amsterdam?

6. Hvordan har forfatteren det, da han vågner næste morgen?

7. Hvad står der på skiltet på døren til udlejningsbutikken?

8. Hvem kalder forfatterens navn, da han forlader butikken?

9. Hvor ofte skøjter forfatteren på skøjter på kanalen?

10. Hvad er forfatterens plan for, når han forlader Amsterdam?

Begrip vragen

1. Wat is het favoriete ding van de auteur om te doen in Amsterdam?

2. Wat doet de schrijver als hij voor het eerst bij de verhuurwinkel aankomt?

3. Wat vindt de schrijver van het schaatsen op de grachten?

4. Waarom is het bijzonder om ‘s nachts op de grachten te schaatsen?

5. Wat doet de schrijver op zijn laatste dag in Amsterdam?

6. Hoe voelt de schrijver zich als hij de volgende ochtend wakker wordt?

7. Wat staat er op het bordje op de deur van de verhuurwinkel?

8. Wie roept de naam van de auteur als hij de winkel verlaat?

9. Hoe vaak schaatst de schrijver op het kanaal?

10. Wat is het plan van de schrijver als hij Amsterdam verlaat?

Jul i Aalborg

Det var juleaften i Aalborg, og byen var fyldt med spænding. **Gaderne** var fyldt med mennesker, der alle var ivrige efter at få et glimt af julemanden, som var på vej gennem byen. Børn grinede og legede omkring juletræet på torvet, mens deres forældre så på fra nærliggende caféer og restauranter. Pludselig opstod der **tumult for** enden af gaden. Folk begyndte at pege og råbe begejstret. Julemanden er ankommet! Han vinkede til **alle,** mens han bevægede sig ned ad gaden og af og til **stoppede op** for at snakke med børnene eller for at dele gaver ud. Da han nåede frem til torvet, standsede han foran juletræet og lagde en stor sæk under det.

Så vendte han sig **uden at** sige et ord om og begyndte at gå tilbage op ad gaden i retning af det sted, hvor han var kommet fra. Publikum brød ud i jubel og klapsalver, da de så ham forsvinde i det fjerne. Det havde været en **uforglemmelig** juleaften i Aalborg! Næste **morgen var der** travlhed på torvet, hvor folk skyndte sig at se, hvad julemanden havde efterladt i sin sæk. Der var gaver til alle Aalborgs børn i sækken! Der var legetøj, tøj, slik og meget mere. **Forældrene** blev heller ikke glemt, for der var også gaver til dem. Det var en jul, som alle ville huske i mange år fremover! Som årene gik,

Kerstmis in Aalborg

Het was kerstavond in Aalborg, en de stad bruiste van de opwinding. De **straten stonden vol** met mensen, die allemaal stonden te popelen om een glimp op te vangen van de Kerstman op zijn weg door de stad. Kinderen lachten en speelden rond de kerstboom op het plein, terwijl hun ouders toekeken vanuit cafés en restaurants in de buurt. Plotseling ontstond er **commotie** aan het eind van de straat. Mensen begonnen opgewonden te wijzen en te schreeuwen. De Kerstman is aangekomen! Hij zwaaide naar **iedereen** terwijl hij door de straat liep, af en toe **stopte hij** om met kinderen te praten of cadeautjes uit te delen. Toen hij op het plein aankwam, stopte hij voor de kerstboom en legde er een grote zak onder.

Toen draaide hij zich **zonder** een woord te zeggen om en begon terug de straat op te lopen in de richting waar hij vandaan was gekomen. De menigte barstte uit in gejuich en applaus toen ze hem in de verte zagen verdwijnen. Het was een **onvergetelijke** kerstavond in Aalborg geweest! De volgende **ochtend** was het druk op het plein, waar de mensen zich haastten om te zien wat de Kerstman in zijn zak had achtergelaten. Daarin zaten cadeautjes voor alle kinderen van Aalborg! Er was speelgoed, kleding, snoepgoed en nog veel meer.

fortsatte julemanden med at besøge Aalborg juleaften. Traditionen med at efterlade gaver på **torvet, som** alle kan glæde sig over, er blevet kendt i hele Danmark. Folk kom fra nær og fjern for at se julemanden i Aalborg juleaftensdag. Og det var takket være en enkelt mands **gavmildhed** og kærlighed til at give, at denne smukke tradition startede!

Hver juleaften er torvet i Aalborg fyldt med mennesker fra hele verden hver eneste **juleaften.** De kommer for at se julemanden og for at opleve den glæde og lykke, som han bringer til alle, han møder. Det er virkelig et magisk sted, og det hele startede med en mands **venlige** handling for så mange år siden. Et år **besluttede** julemanden **sig for** at gå på pension. Han vidste, at det var på tide, at en anden overtog hans rolle og bragte lykke til Aalborgs befolkning juleaften. Så han håndplukkede en **efterfølger** og uddannede ham i alt, hvad han skulle vide om at være julemand. Juleaftensdag det år gik den nye julemand gennem byen og stoppede op for at snakke med børn og dele gaver ud, ligesom hans **forgænger** havde gjort. Da han nåede frem til torvet, lagde han en stor sæk under træet, inden han vendte om og gik tilbage op ad gaden.

Ook de **ouders** werden niet vergeten, want ook voor hen waren er cadeautjes. Het was een Kerstmis die iedereen zich nog jaren zou herinneren! In de loop der jaren bleef de Kerstman Aalborg bezoeken op Kerstavond. De traditie om op **het plein** cadeautjes achter te laten waar iedereen van kon genieten, is in heel Denemarken bekend geworden. Mensen kwamen van heinde en verre om de Kerstman op **Kerstavond** in Aalborg te zien. En het was allemaal dankzij de **vrijgevigheid** en de liefde voor het geven van één man dat deze mooie traditie begon!

Elke kerstavond is het plein in Aalborg gevuld met mensen van over de hele wereld. Ze komen om de Kerstman te zien en om de vreugde en het geluk te ervaren dat hij brengt aan iedereen die hij ontmoet. Het is werkelijk een magische plek, en het begon allemaal met de daad van **vriendelijkheid** van één man zoveel jaren geleden. Op een jaar **besloot** de Kerstman met pensioen te gaan. Hij wist dat het tijd was dat iemand anders zijn rol overnam en de mensen van Aalborg op kerstavond geluk bracht. Hij koos dus zelf een **opvolger** uit en leerde hem alles wat hij moest weten over de rol van de Kerstman. Op kerstavond van dat jaar trok de nieuwe kerstman door de stad, stopte om met kinderen te praten en cadeautjes uit te delen, net zoals zijn **voorganger** had gedaan. Toen hij op het plein aankwam, legde hij een grote zak onder de boom voordat hij zich omdraaide en de straat weer opging.

Forståelse spørgsmål

1. Hvad er traditionen i Aalborg juleaften?

2. Hvordan startede denne tradition?

3. Hvem er den nye julemand hvert år?

4. Hvad gør julemanden, når han når frem til pladsen?

5. Hvad er der i den store sæk, som julemanden lægger under juletræet?

6. Hvad kommer folk fra hele verden til Aalborg for at se juleaften?

7. Hvorfor besluttede julemanden sig for at gå på pension?

8. Hvem har håndplukket julemandens efterfølger?

9. Hvad laver den nye julemand juleaften?

10. Hvorfor er Aalborg et særligt sted på denne tid af året?

Begrip vragen

1. Wat is de traditie in Aalborg op kerstavond?

2. Hoe is deze traditie begonnen?

3. Wie is elk jaar de nieuwe kerstman?

4. Wat doet de Kerstman als hij op het plein is?

5. Wat zit er in de grote zak die de Kerstman onder de boom legt?

6. Waarvoor komen mensen uit de hele wereld op kerstavond naar Aalborg?

7. Waarom besloot de Kerstman met pensioen te gaan?

8. Wie heeft Santa's opvolger uitgekozen?

9. Wat doet de nieuwe Kerstman op Kerstavond?

10. Waarom is Aalborg in deze tijd van het jaar een bijzondere plaats?

Udforskning af Jelling Mounds

Jellinghøjene er et **fascinerende** historisk sted i Danmark. De stammer helt tilbage fra vikingetiden og blev brugt som gravhøje for vigtige personer fra den tid. Jeg har altid været interesseret i historie, så da jeg hørte om muligheden for at udforske disse **gravhøje, greb** jeg chancen med kyshånd. Jeg blev ikke **skuffet**. Det første, der slog mig, var størrelsen på dem - de er enorme! Og der er to af dem, side om side. Det er let at forestille sig, hvor **imponerende** de ville have set ud for nogen, der levede i vikingetiden. Da vi udforskede videre, fandt vi mange interessante **artefakter** inde i højene. Det omfattede smykker, våben og endda nogle menneskelige rester. Det var utroligt at tænke på, hvem disse **mennesker** var, og hvordan deres liv ville have været for alle disse år siden. Vi lærte også om endnu en **interessant** kendsgerning om Jellinghøjene - de siges at være hjemsøgte!

Tilsyneladende er der i årenes løb blevet set **spøgelsesfigurer** omkring dem. Uanset om det er sandt eller ej, giver det i hvert fald disse i forvejen fascinerende historiske monumenter et ekstra element af intriger. Da vi **gik** rundt om Jelling Mounds, kunne

Het verkennen van Jelling Mounds

De Jellingheuvels zijn een **fascinerende** historische site in Denemarken. Ze dateren uit de Vikingtijd en werden gebruikt als grafheuvels voor belangrijke mensen uit die tijd. Ik ben altijd al geïnteresseerd geweest in geschiedenis, dus toen ik hoorde dat ik de kans kreeg om deze **heuvels** te verkennen, greep ik die kans met beide handen aan. Ik werd niet **teleurgesteld**. Het eerste wat me opviel was de omvang van de grafheuvels - ze zijn enorm! En er zijn er twee, naast elkaar. Het is gemakkelijk voor te stellen hoe **indrukwekkend** ze eruit zouden hebben gezien voor iemand die in de Vikingtijd leefde. Toen we verder verkenden, vonden we veel interessante **artefacten** in de terpen. Het ging onder meer om sieraden, wapens en zelfs menselijke resten. Het was ongelooflijk om na te denken over wie deze **mensen** waren en hoe hun leven er al die jaren geleden uitgezien zou hebben. We leerden ook over een ander **interessant** feit over de Jelling Mounds - er wordt gezegd dat het er spookt!

Blijkbaar zijn er in de loop der jaren spookachtige **figuren** rond deze monumenten waargenomen. Of dit nu waar is of niet, het voegt in ieder geval een extra

jeg ikke lade være med at føle en følelse af ærefrygt. Disse enorme gravhøje er en påmindelse om, hvor anderledes livet var for folk i vikingetiden. Det er svært at forestille sig, hvordan det må have været at leve i en sådan tid, hvor døden var så almindelig. Tanken om alle de **mennesker, der** var blevet begravet her - nogle med stor ære og andre i skam - gjorde mig ret trist. Men der er også noget meget fredfyldt ved dette sted. **Måske** er det fordi det føles så langt væk fra det moderne livs travlhed. Eller måske er det fordi, at disse høje har stået her i **århundreder og har været** vidne til menneskehedens **komme** og gåture gennem historien. Uanset hvad, er jeg glad for, at jeg fik chancen for at udforske dem. Jeg gik rundt ved Jelling Mounds og tog imod seværdighederne og lydene fra dette **fascinerende** historiske sted, da jeg pludselig fik en fornemmelse af, at jeg blev overvåget. Jeg vendte mig om, men der var ingen. Det må have været min fantasi.

element van intrige toe aan deze toch al fascinerende historische monumenten. Toen we rond de Jelling Mounds **liepen**, kon ik het niet helpen dat ik een gevoel van ontzag kreeg. Deze enorme grafheuvels herinneren ons eraan hoe anders het leven was voor de mensen in de Vikingtijd. Het is moeilijk voor te stellen hoe het moet zijn geweest om in zo'n tijd te leven waarin de dood zo alledaags was. De gedachte aan al die **mensen** die hier begraven zijn - sommigen met grote eer en anderen in schande - maakte me behoorlijk verdrietig. Maar er is ook iets heel vredigs aan deze plek. **Misschien** is het omdat het zo ver weg is van de drukte van het moderne leven. Of misschien is het omdat deze grafheuvels hier al **eeuwen** liggen en getuige zijn geweest van het **komen** en gaan van de mensheid door de geschiedenis heen. Hoe dan ook, ik ben blij dat ik de kans heb gekregen om ze te verkennen. Ik liep rond bij de Jelling Mounds en nam de bezienswaardigheden en geluiden van deze **fascinerende** historische plek in me op, toen ik plotseling het gevoel kreeg dat ik werd bekeken. Ik draaide me om, maar er was niemand. Het moet mijn verbeelding zijn geweest.

Forståelse spørgsmål

1. Hvad er Jellinghøjene?

2. Hvornår blev Jellinghøjene brugt?

3. Hvad fandt forfatteren i Jellinghøjene?

4. Hvad er en interessant kendsgerning om Jellinghøjene?

5. Hvordan følte forfatteren sig, da han gik rundt om Jelling Mounds?

6. Hvilken støj hørte forfatteren, mens han var ved Jelling Mounds?

7. Hvordan så den figur ud, der kom ud af højen?

8. Var figuren et spøgelse?

9. Hvad gjorde spøgelset?

10. Hvad var forfatterens reaktion på spøgelset?

Begrip vragen

1. Wat zijn de Jelling Mounds?

2. Wanneer werden de Jelling Mounds gebruikt?

3. Wat heeft de auteur gevonden in de Jelling Mounds?

4. Wat is een interessant feit over de Jelling Mounds?

5. Hoe voelde de auteur zich toen hij rond de Jelling Mounds liep?

6. Welk geluid hoorde de schrijver toen hij bij de Jelling Mounds was?

7. Hoe zag de figuur eruit die uit de heuvel kwam?

8. Was de figuur een geest?

9. Wat heeft de geest gedaan?

10. Wat was de reactie van de auteur op het spook?

Danmarks vikingehistorie

Det første, du skal vide om Danmarks vikingehistorie, er, at danskerne var nogle af de mest frygtede **krigere** i deres tid. De var kendt for deres **brutalitet** og vildskab i kamp, og de plyndrede ofte andre lande for at plyndre deres ressourcer. Vikingerne var dog også dygtige landmænd, handlende og håndværkere, og de brugte deres færdigheder til at opbygge et velstående samfund. Et af de mest berømte aspekter af vikingekulturen er deres skibsbygningsteknologi. Vikingerne var i stand til at skabe utroligt robuste skibe, der kunne sejle over lange afstande og **modstå** barske forhold. Det gjorde det muligt for dem at rejse over hele Europa og endda nå frem til **Nordamerika**. Faktisk var en af de mest berømte vikingeforskere Leif Erikson, som sejlede fra Grønland hele vejen til Newfoundland i Canada!

En anden vigtig del af vikingernes kultur var deres religion. Vikingerne troede på mange guder og gudinder, bl.a. Odin (krigsguden), Thor (tordenguden), Freyja (kærlighedsgudinden) og Freyr (frugtbarhedsguden). De **tilbad** disse guder ved at bygge templer kaldet "hofs", hvor de ofrede dyr eller

De Vikinggeschiedenis van Denemarken

Het eerste wat u moet weten over de Vikinggeschiedenis van Denemarken is dat de Denen tot de meest gevreesde **krijgers** van hun tijd behoorden. Ze stonden bekend om hun **wreedheid** en woestheid in de strijd, en ze plunderden vaak andere landen om hun rijkdommen te plunderen. De Vikingen waren echter ook bekwame boeren, handelaars en ambachtslieden, en zij gebruikten hun vaardigheden om een welvarende samenleving op te bouwen. Een van de beroemdste aspecten van de Vikingcultuur is hun scheepsbouwtechnologie. De Vikingen waren in staat om ongelooflijk stevige schepen te bouwen die lange afstanden konden varen en **bestand waren tegen** zware omstandigheden. Hierdoor konden zij door heel Europa reizen en zelfs **Noord-Amerika** bereiken. Een van de beroemdste Viking-ontdekkingsreizigers was Leif Erikson, die van Groenland helemaal naar Newfoundland in Canada voer!

Een ander belangrijk onderdeel van de Vikingcultuur was hun religie. De Vikingen geloofden in vele goden en godinnen, waaronder Odin (de god van de oorlog), Thor (de god van de donder), Freyja (de godin van de

endda mennesker. Vikingernes samfund var **opdelt** i tre klasser: adelige, frie mænd og slaver. Adelsmænd var rige godsejere, som havde magt over både frie mænd og slaver. Frimænd var fattige bønder eller håndværkere, der ejede lidt jord, men havde mere frihed end slaverne. Slaver var tilfangetagne fjender eller forbrydere, som ikke havde **nogen som helst** rettigheder; de kunne til enhver tid købes eller sælges af enhver med penge nok. Det første, du skal vide om Danmarks vikingehistorie, er, at danskerne var nogle af de mest frygtede krigere i deres tid. De var kendt for deres **brutalitet** og vildskab i kamp, og de plyndrede ofte andre **lande for at** plyndre deres ressourcer. Vikingerne var dog også dygtige landmænd, handlende og håndværkere, og de brugte deres færdigheder til at opbygge et **velstående** samfund.

liefde), en Freyr (de god van de vruchtbaarheid). Zij **vereerden** deze goden door tempels te bouwen die “hofs” werden genoemd en waar zij offers brachten, zoals dieren of zelfs mensen. De Vikingmaatschappij was **verdeeld** in drie klassen: edelen, vrijen en slaven. Adelen waren rijke landeigenaren die macht hadden over zowel vrije mannen als slaven. Vrijbuiters waren arme boeren of ambachtslieden die weinig land bezaten maar meer vrijheid hadden dan slaven. Slaven waren gevangen genomen vijanden of misdadigers die geen **enkel** recht hadden; zij konden te allen tijde worden gekocht of verkocht door iedereen met genoeg geld. Het eerste wat je moet weten over de Vikinggeschiedenis van Denemarken is dat de Denen tot de meest gevreesde krijgers van hun tijd behoorden. Zij stonden bekend om hun **wreedheid** en woestheid in de strijd, en zij plunderden vaak andere **landen** om hun rijkdommen te plunderen. De Vikingen waren echter ook bekwame boeren, handelaars en ambachtslieden, en zij gebruikten hun vaardigheden om een **welvarende** samenleving op te bouwen.

Forståelse spørgsmål

1. Hvad var danskerne kendt for i vikingetiden?

2. Hvordan byggede vikingerne deres skibe?

3. Hvorfor var vikingerne i stand til at rejse så langt?

4. Hvem var den mest berømte vikingeudforsker?

5. Hvad var vikingernes tro?

6. Hvilke tre klasser fandtes der i vikingesamfundet?

7. Hvad havde adelsmændene magt over?

8. Hvad ejede de frie mænd?

9. Hvad var slavernes skæbne?

10. Hvad ofrede vikingerne som offer?

Begrip vragen

1. Waar stonden de Denen om bekend tijdens de Vikingperiode?

2. Hoe bouwden de Vikingen hun schepen?

3. Waarom waren de Vikingen in staat zo ver te reizen?

4. Wie was de beroemdste Viking ontdekkingsreiziger?

5. Wat waren de overtuigingen van de Vikingen?

6. Wat waren de drie klassen in de Vikingmaatschappij?

7. Waar hadden de edelen macht over?

8. Wat bezaten de vrije mensen?

9. Wat was het lot van de slaven?

10. Wat brachten de Vikingen als offers?

Vandreture gennem Møns Klint

Solen var ved at gå ned, da jeg begyndte min vandring op ad Møns Klint. Jeg havde **planlagt** dette i ugevis, og endelig var dagen kommet. Luften var frisk, og himlen var klar; det var perfekt vandrevejr. Mens jeg gik, tog jeg den **fantastiske** udsigt over klipperne og havet nedenunder i øjesyn. Det føltes godt at være ude i naturen, væk fra hverdagens travlhed og travlhed. Jeg nåede toppen af Møns Klint, lige da solen var ved at forsvinde bag horisonten. Udsigten heroppefra var endnu mere **betagende,** end jeg havde forestillet mig. Jeg kunne se milevidt i alle **retninger,** og det føltes som om jeg var på toppen af verden. Efter at have beundret udsigten i et stykke tid begyndte jeg vandringen nedad igen. **Nedturen** var meget lettere end opturen, og jeg nåede bunden på ingen tid. Jeg var træt, men glad, da jeg gik tilbage til min bil; det havde været en perfekt dag.

Næste dag vågnede jeg tidligt og besluttede mig for at vandre op ad Møns Klint igen. Denne gang ville jeg udforske området lidt mere og se, om der var andre stier, som jeg kunne tage. Efter at have **konsulteret** et kort begav jeg mig ud på en ny sti, der førte mig

Wandelen door Møns Klint

De zon ging onder toen ik aan mijn tocht op Møns Klint begon. Ik was al weken **van plan** om dit te doen, en eindelijk was de dag aangebroken. De lucht was fris en de lucht was helder; het was perfect wandelweer. Terwijl ik liep, nam ik het **prachtige** uitzicht op de kliffen en de zee onder me in me op. Het voelde goed om in de natuur te zijn, weg van de drukte van alledag. Ik bereikte de top van Møns Klint net toen de zon achter de horizon verdween. Het uitzicht vanaf hier was nog **adembenemender** dan ik me had voorgesteld. Ik kon in alle **richtingen** kilometers ver zien, en het voelde alsof ik op de top van de wereld stond. Nadat ik het uitzicht een tijdje had bewonderd, begon ik aan de wandeling terug naar beneden. De **afdaling** was veel gemakkelijker dan de klim naar boven, en ik bereikte de bodem in een mum van tijd. Ik was moe maar blij toen ik terugliep naar mijn auto; het was een perfecte dag geweest.

De volgende dag werd ik vroeg wakker en besloot ik weer naar Møns Klint te gaan. Deze keer wilde ik het gebied wat meer verkennen en kijken of er nog andere paden waren die ik kon nemen. Na **het raadplegen** van

gennem noget **skov**. Der var uhyggeligt stille i skoven, og jeg begyndte at føle mig lidt urolig. Pludselig hørte jeg noget raslende i buskadset foran mig. Mit hjerte **slog hurtigere**, og jeg nærmede mig langsomt busken ... og fandt en lille kanin, der hoppede rundt! Jeg var lettet og grinede af mig selv, fordi jeg var så nervøs. Resten af **vandreturen** var **begivenhedsløs,** men der havde været nok spænding for én dag! Jeg var nu på min tredje vandredag, og jeg havde forelsket mig i området. Jeg havde aldrig før følt mig så forbundet med naturen, og jeg var ked af at tænke på, at min tid her var ved **at være** forbi. Jeg besluttede mig for at få mest muligt ud af min sidste dag ved at udforske en ny sti, der førte op i bakkerne.

Det var svært i starten, men jeg nåede hurtigt nok op på toppen. Heroppefra kunne jeg se milevidt i alle retninger; det var virkelig en betagende udsigt. Efter at have nydt landskabet i et stykke tid begyndte jeg at vandre nedad igen. Da jeg gik gennem skoven, fangede **noget** mit blik: en lille sti, der førte ud i det **fjerne**. Jeg var nysgerrig og fulgte den, indtil den endte i en lille **lysning ...** og der foran mig var der et **utroligt** syn: et vandfald! Det var ikke på noget kort, og jeg vidste, at der ikke var mange, der kendte til det. Det føltes, som om jeg havde opdaget noget særligt, noget, der kun tilhørte mig.

een kaart, begon ik aan een nieuw pad dat me door een **bos** leidde. Het bos was griezelig stil, en ik begon me een beetje ongemakkelijk te voelen. Plotseling hoorde ik iets ritselen in de bosjes voor me. Mijn hart **ging tekeer** en ik liep langzaam naar het bosje toe... en daar zag ik een klein konijntje rondhuppelen! Opgelucht lachte ik mezelf uit omdat ik zo schrikkerig was. De rest van de **wandeling** verliep **zonder problemen**, maar er was genoeg opwinding geweest voor één dag! Ik was nu aan mijn derde wandeldag bezig, en ik was verliefd geworden op het gebied. Ik had me nog nooit zo verbonden gevoeld met de natuur, en ik vond het jammer dat mijn tijd hier **ten einde liep**. Ik besloot het beste te maken van mijn laatste dag door een nieuw pad te verkennen dat omhoog de heuvels in leidde.

In het begin was het moeilijk, maar al snel bereikte ik de top. Vanaf hier kon ik kilometers ver zien in alle richtingen; het was werkelijk een adembenemend uitzicht. Na een tijdje van het landschap te hebben genoten, begon ik aan de wandeling terug naar beneden. Terwijl ik door het bos liep, viel mijn oog op een klein paadje dat in de **verte uitkwam**. Nieuwsgierig volgde ik het tot het doodliep op een kleine **open plek**... en daar voor me was een **ongelooflijk** schouwspel: een waterval! Hij stond op geen enkele kaart, en ik wist dat niet veel mensen ervan wisten. Het voelde alsof ik iets bijzonders had ontdekt, iets dat alleen van mij was.

Forståelse spørgsmål

1. Hvor tager forfatteren på vandretur?

2. Hvad synes forfatteren om udsigten fra toppen af Møns Klint?

3. Hvad gør forfatteren på den anden dag af vandreturen?

4. Hvad finder forfatteren på den tredje dag af vandreturen?

5. Hvad tænker forfatteren om Møns Klint, da de forlader Møns Klint?

6. Hvor ligger Møns Klint?

7. Hvilken slags dyr skræmmer forfatteren på den anden dag af vandreturen?

8. Hvor mange dage vandrer forfatteren i alt?

9. Hvad tænker forfatteren om naturen, før han besøger Møns Klint?

10. Hvad gør forfatteren på den første dag på vandreturen?

Begrip vragen

1. Waar gaat de auteur wandelen?

2. Wat vindt de auteur van het uitzicht vanaf de top van Møns Klint?

3. Wat doet de schrijver op de tweede wandeldag?

4. Op de derde dag van de wandeling, wat vindt de auteur?

5. Wat vindt de schrijver van Møns Klint als ze vertrekken?

6. Waar ligt Møns Klint?

7. Welk soort dier jaagt de schrijver angst aan op de tweede wandeldag?

8. Hoeveel dagen heeft de schrijver in totaal gewandeld?

9. Wat vindt de auteur van de natuur voordat hij Møns Klint bezoekt?

10. Wat doet de schrijver op de eerste dag van de wandeling?

Besøg i Nyhavn

Første gang jeg besøgte Nyhavn, var det kærlighed ved første blik. De farverige bygninger, de charmerende brostensbelagte gader, jeg vidste, at jeg måtte komme tilbage. Og det gjorde jeg så, igen og igen. Hvert besøg var som et lille stykke af **himlen**. Men så en dag **ændrede** noget **sig**. Nyhavn var ikke længere det samme som før. Farverne var dæmpede, gaderne var tomme ... Det føltes som en spøgelsesby. Jeg vidste ikke, hvad der var sket, men uanset hvad det var, **savnede** jeg det gamle Nyhavn inderligt. En dag, efter flere års fravær, besluttede jeg mig for at tage tilbage og se, om noget havde ændret sig. Til min **lettelse** (og glæde) var Nyhavn lige så **smuk som** altid! Farverne var endnu en gang klare, og gaderne var fulde af liv - det var som at træde ind i en drøm. “ Jeg er ikke sikker på, hvad der fik mig til at komme tilbage til Nyhavn efter alle disse år.

Måske var det minderne om alle de gode stunder, jeg havde haft der, eller måske savnede jeg bare stedet. **Uanset hvad** årsagen var, er jeg glad for, at jeg gjorde det. At gå ned ad de brostensbelagte gader igen, at se de farverige bygninger ... det var som at komme hjem. Og selv om Nyhavn har ændret sig gennem årene, er det stadig mit yndlingssted i verden. “ Jeg vågnede

Nyhavn bezoeken

De eerste keer dat ik Nyhavn bezocht, was het liefde op het eerste gezicht. De kleurrijke gebouwen, de charmante geplaveide straten, ik wist dat ik terug moest komen. En dat deed ik, keer op keer. Elk bezoek was als een klein stukje van **de hemel**. Maar op een dag **veranderde** er iets. Nyhavn was niet meer hetzelfde als vroeger. De kleuren waren gedempt, de straten waren leeg... Het voelde als een spookstad. Ik wist niet wat er gebeurd was, maar wat het ook was, ik **miste** de oude Nyhavn enorm. Op een dag, na jaren van afwezigheid, besloot ik terug te gaan om te zien of er iets veranderd was. Tot mijn **opluchting** (en vreugde) was Nyhavn nog net zo **mooi** als vroeger! De kleuren waren weer helder en de straten bruisten van het leven - het was alsof ik een droom binnenstapte. "Ik weet niet zeker waarom ik na al die jaren naar Nyhavn ben teruggekeerd.

Misschien waren het de herinneringen aan alle goede tijden die ik daar had gehad, of misschien miste ik de plek gewoon. **Wat** de reden ook was, ik ben blij dat ik het gedaan heb. Toen ik weer door de geplaveide straten liep en de kleurrijke gebouwen zag... was het net alsof ik thuiskwam. En ook al is Nyhavn in de loop der jaren veranderd, het is nog steeds mijn favoriete plek in de wereld. "Ik werd wakker met het geluid van

til lyden af måger der skreg og bølger der **slog** mod kajerne. Solen **tittede** lige over horisonten og kastede et lyserødt og orange skær over himlen. Jeg gabte og strakte mig og følte mig **helt** rolig. Det var dage som disse, der gjorde mig glad for, at jeg havde valgt at bo i Nyhavn. Der var noget ved dette sted, der bare føltes rigtigt. Jeg stod op af sengen og gik over til vinduet og tog udsigten over Nyhavns havn i mig med et smil på læben. Alt så så fredeligt ud. så perfekt. " **Pludselig** hørte jeg råb udefra, **efterfulgt af** et højt brag. Mit hjerte **sprang** et slag **over,** mens jeg løb hen til vinduet og frygtede, hvad jeg kunne se. Men da jeg kiggede ned, så jeg kun en gruppe mennesker, der **grinede** og jublede - de var i gang med en slags leg med en af bådene, der lå i havnen. "

Jeg sukkede lettet op og grinede af mig selv, fordi jeg var så nervøs. Det er bare en af de ting, man vænner sig til at bo her," En dag, mens du **slentrer** ned ad en af Nyhavns brostensbelagte gader og beundrer de farverige bygninger, falder du over en lille dør **gemt** væk mellem to butikker. "Du er **fascineret** af dens skjulte beliggenhed og mangel på skiltning og beslutter dig for at træde ind." Du befinder dig i et veloplyst rum, der ser ud som om det kunne være en del af et smukt hjem.

zeemeeuwen die riepen en golven **die** tegen de kade sloegen. De zon kwam net over de horizon en wierp een roze en oranje gloed aan de hemel. Ik gaapte en rekte me uit, en voelde me **volkomen vredig**. Op dagen als deze was ik blij dat ik ervoor gekozen had om in Nyhavn te wonen. Er was iets aan deze plek dat gewoon goed voelde. Ik stapte uit bed en liep naar het raam, terwijl ik met een glimlach op mijn gezicht het uitzicht op de haven van Nyhavn in me opnam. Alles zag er zo vredig uit, zo perfect. "**Plotseling** hoorde ik geschreeuw van buiten, **gevolgd** door een harde klap. Mijn hart **sloeg over** en ik rende naar het raam, bang voor wat ik zou kunnen zien. Maar toen ik naar beneden keek, zag ik alleen een groep mensen **die lachten** en juichten - ze waren een soort spelletje aan het spelen met een van de boten die in de haven lagen. "

Ik slaakte een zucht van verlichting en lachte om mezelf dat ik zo nerveus was. Dat is gewoon een van de dingen waar je aan went als je hier woont," Op een dag, terwijl je door een van de geplaveide straten van Nyhavn **slentert** en de kleurrijke gebouwen bewondert, stuit je op een kleine deur **die verscholen ligt** tussen twee winkels. "**Intrigerend** door de verborgen locatie en het gebrek aan bewegwijzering, besluit je naar binnen te gaan. Je bevindt je in een goed verlichte kamer die eruit ziet alsof hij deel zou kunnen uitmaken van een mooi huis.

Forståelse spørgsmål

1. Hvad siger forfatteren om Nyhavn første gang de besøgte den?

2. Hvordan har forfatteren det med Nyhavn, da de efter nogen tid besøger dem igen?

3. Hvorfor mener forfatteren, at Nyhavn har ændret sig?

4. Hvordan har forfatteren det, da han ser, at Nyhavn er den samme som før?

5. Hvad siger forfatteren om at bo i Nyhavn?

6. Hvad gør forfatteren, da de hører råb og et brag udenfor?

7. Hvad siger forfatteren om den lille dør, som de finder?

8. Hvordan føler forfatteren sig efter at have tilbragt noget tid i det skjulte rum?

9. Hvad mener forfatteren om den person, der tilbringer tid i rummet?

10. Hvad gør forfatteren, da de finder det skjulte rum?

Begrip vragen

1. Wat zegt de auteur over Nyhavn bij hun eerste bezoek?

2. Hoe voelt de auteur zich over Nyhavn als ze er na enige tijd terugkomen?

3. Waarom denkt de auteur dat Nyhavn veranderd is?

4. Hoe voelt de schrijver zich als hij ziet dat Nyhavn nog hetzelfde is als vroeger?

5. Wat zegt de auteur over het leven in Nyhavn?

6. Wat doet de schrijver als hij buiten geschreeuw en een klap hoort?

7. Wat zegt de auteur over de kleine deur die ze vinden?

8. Hoe voelt de auteur zich na enige tijd in de verborgen kamer te hebben doorgebracht?

9. Wat denkt de auteur over de persoon die in de kamer verblijft?

10. Wat doet de auteur als ze de verborgen kamer vinden?

På stranden

Efter solopgang er bølgerne højere, og sandet over tidevandet er hvidt. Jeg går ned til stranden og **beundrer** havet og solen. Mine tæer mærker muslingernes riller. Sandet er koldt på mine tæer. Jeg smiler og går videre. Tidevandet er højt, så jeg skal passe på ikke at blive trukket ind i vandet. Jeg går langs vandkanten og beundrer havet. Solopgangen er **smuk, og** bølgerne brydes. Jeg føler mig så fredfyldt. Jeg kommer til et sted, hvor der er en klippeudspring. Jeg sætter mig ned og ser på bølgerne. Vandet er så blåt, og himlen er så **orange**. Jeg føler mig som om jeg er i en drøm. Jeg lukker øjnene og lytter bare til bølgerne. Jeg sad der længe, indtil jeg hørte nogen kalde mit navn.

Jeg åbner øjnene og ser min mor gå hen imod mig. Hun har et bekymret udtryk i ansigtet. Jeg smiler og vinker, og hun **slapper af**. "Jeg undrede mig over, hvor du gik hen," siger hun. "Jeg er glad for, at du nyder stranden." Jeg svarer: "Det gør jeg." "Det er så smukt her." "Det ved jeg godt," siger hun. "Jeg plejede at komme her hele tiden, da jeg var på din alder." "Virkelig?" Jeg spørger. "Ja," svarer hun. "Det er et specielt sted." "Har du nogensinde mødt nogen speciel her?" Jeg spørger. "Ja, det har jeg," svarer hun med et smil. "Din far."

Op het strand

Na zonsopgang zijn de golven luider en het zand boven de vloed is wit. Ik loop naar het strand en **bewonder** de zee en de zon. Mijn tenen voelen de groeven van schelpen. Het zand is koud aan mijn tenen. Ik glimlach en loop door. Het is vloed, dus ik moet oppassen dat ik er niet in word getrokken. Ik loop langs de waterkant en bewonder de zee. De zonsopgang is **prachtig**, en de golven beuken. Ik voel me zo vredig. Ik kom op een plek waar een rots uitsteekt. Ik ga zitten en kijk naar de golven. Het water is zo blauw en de lucht is zo **oranje**. Ik voel me alsof ik in een droom ben. Ik sluit mijn ogen en luister alleen maar naar de golven. Ik zat daar een hele tijd, tot ik iemand mijn naam hoorde roepen.

Ik open mijn ogen en zie mijn moeder naar me toe lopen. Ze heeft een bezorgde blik op haar gezicht. Ik glimlach en zwaai, en ze **ontspant zich**. “Ik vroeg me al af waar je was,” zegt ze. “Ik ben blij dat je van het strand geniet.” Ik antwoord: “Dat doe ik.” “Het is hier zo mooi.” “Ik weet het,” zegt ze. “Ik kwam hier altijd toen ik zo oud was als jij.” “Echt waar?” Vraag ik. “Ja,” antwoordt ze. “Het is een speciale plek.” “Heb je hier ooit een speciaal iemand ontmoet?” Vraag ik. “Ik wel,” antwoordt ze met een glimlach. “Je vader.” “Echt waar?” Zeg ik, **verbaasd**. “Ja,” zegt ze. “We kwamen hier altijd

“Virkelig?” Jeg siger **overrasket**. “Ja,” siger hun. “Vi plejede at komme her hele tiden sammen. Det var her, vi blev forelskede. “ Jeg smiler og **forestiller mig, at** mine forældre forelskede sig på denne smukke strand. “Det er et særligt sted,” gentager hun. “Jeg er glad for, at du kom her i dag.”

Vi sidder der et stykke tid endnu og **ser på** bølgerne og solnedgangen. Så rejser vi os og går tilbage til vores strandhåndklæder. Jeg lægger mig ned og kigger på stjernerne. Jeg føler mig så glad og tilfreds. Bølgerne er højere nu, og sandet er koldt. Solen er ved at gå ned, og der blæser en kølig brise. Bølgerne slår mod kysten, og der er en duft af salt i luften. Det er en perfekt aften at være på stranden. Jeg går langs kysten, **lytter** til lyden af bølgerne og ser solnedgangen. Jeg ser en gruppe mennesker sidde på sandet og grine og lave sjov. De ser ud til at have det sjovt. Jeg går hen til dem og spørger, om jeg må slutte mig til dem. De siger ja, og vi tilbringer resten af aftenen med at tale, grine og se **solnedgangen**. Det er en perfekt aften. Gruppen og jeg taler sammen, indtil solen går ned. Vi deler historier og vittigheder, og vi har det alle sammen rigtig sjovt. Da natten begynder at falde på, begynder vi alle at føle os trætte. Vi kysser hinanden **farvel** og går fra hinanden. Jeg går tilbage til mit hotel og føler mig glad og tilfreds. Jeg kan slet ikke tro, hvor dejligt det er her. Jeg er så heldig at have **oplevet** det.

samen. Het is waar we verliefd werden. " Ik glimlach en **stel me voor hoe** mijn ouders verliefd werden op dit prachtige strand. "Het is een speciale plek," herhaalt ze. "Ik ben blij dat je hier vandaag bent."

We zitten daar nog een tijdje, **kijken naar** de golven en de zonsondergang. Dan staan we op en lopen terug naar onze strandhanddoeken. Ik ga liggen en kijk naar de sterren. Ik voel me zo gelukkig en tevreden. De golven zijn nu luider, en het zand is koud. De zon gaat onder en er waait een koel briesje. De golven beuken tegen de kust, en de geur van zout hangt in de lucht. Het is een perfecte avond om op het strand te zijn. Ik loop langs het strand, **luister** naar het geluid van de golven en kijk naar de zonsondergang. Ik zie een groep mensen op het zand zitten, lachend en grapjes makend. Ze zien eruit alsof ze het naar hun zin hebben. Ik loop naar ze toe en vraag of ik erbij mag komen zitten. Ze zeggen ja, en we brengen de rest van de avond door met praten, lachen en kijken naar de **zonsondergang**. Het is een perfecte avond. De groep en ik praten tot de zon ondergaat. We delen verhalen en grappen, en we hebben allemaal een geweldige tijd. Als de avond begint te vallen, beginnen we allemaal moe te worden. We kussen elkaar **vaarwel** en gaan uit elkaar. Ik loop terug naar mijn hotel en voel me gelukkig en tevreden. Ik kan niet geloven hoe mooi het hier is. Ik ben zo gelukkig dat ik het heb mogen **meemaken**.

Forståelse spørgsmål

1. Hvor går fortælleren hen, efter at hun er vågnet op?

2. Hvad er det, som fortælleren beundrer, mens hun går langs stranden?

3. Hvad skal fortælleren være opmærksom på, når hun går langs stranden?

4. Hvor sætter fortælleren sig ned for at nyde udsigten?

5. Hvor længe sidder fortælleren der?

6. Hvem ser fortælleren, da hun åbner øjnene igen?

7. Hvad siger fortæller fortællerens mor?

8. Hvad taler fortælleren og de mennesker, hun møder, om?

Begrip vragen

1. Waar gaat de vertelster heen nadat ze wakker is geworden?

2. Wat bewondert de vertelster als ze langs het strand loopt?

3. Waar moet de vertelster op letten als ze langs het strand loopt?

4. Waar gaat de verteller zitten om van het uitzicht te genieten?

5. Hoe lang blijft de verteller daar zitten?

6. Wie ziet de verteller als ze haar ogen weer opent?

7. Wat zegt de moeder van de verteller?

8. Waar praten de verteller en de mensen die ze ontmoet over?

Camping ved søen

Jeg går hen mod søen og **beundrer den** fredfyldte scene. Solen skinner ned på den lille sø og får vandet til at ligne en glasplade. Den eneste bevægelse er den lejlighedsvise krusning fra en fisk, der **bryder** overfladen. Selv fuglene synes at tage en pause fra varmen, og kun lyden af cikader fylder luften. **Pludselig** bliver freden brudt af et højt plask. En stor **fisk** er hoppet op af vandet og forsøger at fange en guldsmed. Fisken rammer forbi sit mål og falder tilbage i vandet med et plask. "Wow," tænker jeg ved mig selv, "det var en stor fisk!". Jeg kiggede mig omkring for at se, om andre havde set den, men der var ingen i nærheden. Jeg må vel fortælle dem det, når jeg kommer tilbage til lejren.

Varmen er **trykkende** og gør det svært at trække vejret. Luften er tyk og tung, som et tæppe, der er svøbt om dig. Den eneste lindring er i vandet. Det er køligt og forfriskende, som en kold drik på en varm dag. Jeg tager en dyb indånding og dykker ned i vandet. Jeg bliver straks lettet, da det kølige vand omgiver mig. Jeg svømmer ned til bunden og så op til overfladen igen og mærker vandet køle min krop ned. Jeg fortsætter med at **svømme** omgange og nyder det behagelige

Kamperen aan het meer

Ik loop naar het meer en **bewonder** de vredigheid van het tafereel. De zon schijnt op het meertje, waardoor het water een glazen plaat lijkt. De enige beweging is af en toe een rimpeling van een vis **die** het wateroppervlak breekt. Zelfs de vogels lijken een pauze te nemen van de hitte, met alleen het geluid van cicaden die de lucht vullen. **Plotseling** wordt de rust verbroken door een luide plons. Een grote **vis** is uit het water gesprongen, in een poging een libel te vangen. De vis mist zijn doel en valt met een plons terug in het water. “Wow,” denk ik bij mezelf, “dat was een grote vis!.” Ik keek om me heen om te zien of iemand anders hem had gezien, maar er was niemand in de buurt. Ik denk dat ik het ze zal moeten vertellen als ik terug ben in het kamp.

De hitte is **drukkend**, waardoor het moeilijk is om te ademen. De lucht is dik en zwaar, als een deken om je heen gewikkeld. De enige verlichting is in het water. Het is koel en verfrissend, als een koud drankje op een warme dag. Ik haal diep adem en duik in het water. De opluchting is onmiddellijk als het koele water me omringt. Ik zwem naar de bodem en dan weer naar de oppervlakte, terwijl ik voel hoe het water mijn lichaam afkoelt. Ik blijf baantjes trekken en geniet van de

pusterum fra varmen. Efter et stykke tid kommer jeg op af vandet og lægger mig ned på græsset, så solen kan tørre min krop. Jeg lukker øjnene og falder i søvn, mens lyden af **cikaderne** luller mig ind i en dyb dvale. Jeg lader solen bage vandet ud af min hud. Jeg kan mærke, at min hud bliver rød, men jeg er ligeglad. Det næste jeg ved er, at solen er ved at gå ned. Himlen er smukt orange med striber af pink og lilla. Varmen er væk og erstattet af en kølig **brise**.

Jeg rejser mig op og tager mit tøj på igen og føler mig frisk og foryngет. Jeg tager en dyb **indånding** af den kølige luft og smiler. Det føles godt at være i live. Jeg går tilbage til campingpladsen og beundrer den måde, farverne danser på himlen. Jeg kan se lejrbålet brænde i det fjerne, og jeg kan lugte røgen i luften. Jeg smiler og **sætter** farten **op.** Jeg er klar til at slappe af og nyde resten af min aften. Jeg går ind på lejrpladsen og ser, at alle er samlet omkring bålet. De **griner** og laver sjov, og jeg kan se ilden reflektere i deres øjne. Jeg smiler og sætter mig ned ved siden af mine venner. Det er godt at være tilbage. Næste morgen vågner jeg tidligt og begynder at pakke mine ting sammen. Jeg er ivrig efter at komme tilbage på stien og fortsætte min rejse. Jeg siger farvel til mine venner og begynder at gå væk. Mens jeg går, kigger jeg en sidste gang på **lejrpladsen**. Jeg kan se, at bålet stadig brænder i det fjerne, og jeg kan lugte røgen i luften.

afkoeling van de hitte. Na een tijdje kom ik uit het water en ga op het gras liggen, zodat de zon mijn lichaam kan drogen. Ik sluit mijn ogen en val in slaap, het geluid van de **cicaden** brengt me in een diepe slaap. Ik laat de zon het water uit mijn huid bakken. Ik voel dat mijn huid rood wordt, maar dat kan me niet schelen. Ik heb het te warm om me zorgen te maken. Het volgende dat ik weet, is dat de zon ondergaat. De lucht is prachtig oranje, met roze en paarse strepen. De hitte is weg, vervangen door een koel **briesje**.

Ik sta op en trek mijn kleren weer aan. Ik voel me verfrist en verjongd. Ik haal diep **adem** uit de koele lucht en glimlach. Het voelt goed om te leven. Ik loop terug naar de camping en bewonder de manier waarop de kleuren in de lucht dansen. In de verte zie ik het kampvuur branden, en ik ruik de rook in de lucht.
Ik glimlach en **versnel** mijn pas. Ik ben klaar om te ontspannen en te genieten van de rest van mijn avond. Ik loop de camping op en zie dat iedereen rond het vuur zit. Ze **lachen** en maken grapjes, en ik kan het vuur in hun ogen zien weerkaatsen. Ik glimlach en ga naast mijn vrienden zitten. Het is goed om terug te zijn. De volgende ochtend sta ik vroeg op en begin mijn spullen in te pakken. Ik sta te popelen om weer op pad te gaan en mijn reis voort te zetten. Ik neem afscheid van mijn vrienden en begin weg te lopen. Terwijl ik loop, werp ik nog een laatste blik op de **camping**. In de verte zie ik het vuur nog branden en ik ruik de rook in de lucht.

Forståelse spørgsmål

1. Hvor skal den gående hen?

2. Hvilken slags vejr er det?

3. Hvordan ser vandet ud?

4. Hvordan reagerer rollatoren på varmen?

5. Hvad laver fisken?

6. Hvorfor er vandringsmanden alene?

7. Hvordan føles vandet?

8. Hvordan har den gående det efter svømning?

9. Hvad tid på dagen er det, når rollatoren vågner?

10. Hvor tager vandringsmanden hen, når han forlader lejren?

Begrip vragen

1. Waar gaat de wandelaar heen?

2. Wat voor weer is het?

3. Hoe ziet het water eruit?

4. Hoe reageert de wandelaar op de hitte?

5. Wat doet de vis?

6. Waarom is de wandelaar alleen?

7. Hoe voelt het water aan?

8. Hoe voelt de wandelaar zich na het zwemmen?

9. Hoe laat is het als de wandelaar wakker wordt?

10. Waar gaat de wandelaar heen als hij het kamp verlaat?

Huset

Jeg flyttede ind i mit nye hus i sidste uge, og jeg er så **glad for det**! Det er så meget større end mit gamle, og det har en stor baghave. Jeg kan ikke vente med at have venner på besøg til grillfester og fester. Mit yndlingssted er mit nye soveværelse. Det er så stort og lyst, og jeg har masser af plads til at lægge alle mine ting. Jeg er virkelig glad for mit nye hus, og jeg tror, at jeg vil blive meget glad her. Jeg besluttede mig for at udforske huset lidt mere. Jeg gik op på anden sal og begyndte at gå hen til køkkenet, da jeg så en stor sort edderkop på væggen! Jeg skreg og løb ned ad trappen. Jeg var så **bange**! Men efter et par minutter faldt jeg til ro og besluttede mig for at gå tilbage ovenpå. Jeg gik langsomt op i køkkenet og så, at edderkoppen var væk. Jeg var så lettet! Jeg gik tilbage nedenunder og besluttede mig for at gå udenfor for at udforske **baghaven**. Den var så stor! Jeg kunne ikke tro det. Jeg så en gynge i hjørnet og en rutsjebane. Jeg så også et basketballnet og en **trampolin**. Jeg var så spændt!

Jeg kan ikke vente med at bruge alle de nye ting. **Naboerne** kom over og præsenterede sig. De virkede rigtig søde, og vi talte lidt sammen. De inviterede mig til deres grillfest næste weekend, og jeg sagde, at jeg gerne ville komme. Jeg har haft en god første uge i mit

Het Huis

Ik ben vorige week in mijn nieuwe huis getrokken, en ik ben zo **opgewonden**! Het is zoveel groter dan mijn oude, en het heeft een grote achtertuin. Ik kan niet wachten om vrienden uit te nodigen voor BBQ's en feestjes. Mijn **favoriete** deel is mijn nieuwe slaapkamer. Hij is zo groot en licht, en ik heb veel ruimte om al mijn spullen op te bergen. Ik ben echt blij met mijn nieuwe huis en ik denk dat ik hier heel gelukkig zal zijn. Ik besloot om het huis nog wat verder te verkennen. Ik ging naar boven naar de tweede verdieping en ging op weg naar de keuken toen ik een grote zwarte spin op de muur zag! Ik gilde en rende naar beneden. Ik was zo **bang**! Maar na een paar minuten was ik gekalmeerd en besloot ik terug naar boven te gaan. Ik ging langzaam naar de keuken en zag dat de spin weg was. Ik was zo opgelucht! Ik ging terug naar beneden en besloot naar buiten te gaan om de **achtertuin te verkennen**. Hij was zo groot! Ik kon het niet geloven. Ik zag een schommel in de hoek en een glijbaan. Ik zag ook een basketbalnet en een **trampoline**. Ik was zo opgewonden!

Ik kan niet wachten om al deze nieuwe spullen te gebruiken. De **buren** kwamen langs en stelden zich voor. Ze leken erg aardig, en we hebben een tijdje gepraat. Ze nodigden me uit voor hun BBQ volgend

nye hus, og jeg glæder mig til alle de nye eventyr, der venter forude. I dag vil jeg gå på opdagelse i baghaven igen og se, hvad jeg ellers kan finde. Hvem ved, måske finder jeg endda en **skat**. Jeg glæder mig til at se, hvad den næste uge bringer! Den næste uge gik jeg på opdagelse i baghaven igen, og jeg fandt en **hemmelig** have. Den var så smuk! Der var blomster overalt og en lille dam med fisk i. Jeg så også et gyngestativ, som jeg ikke havde set før. Jeg var så glad for at finde denne hemmelige have, og jeg kan ikke vente med at udforske den mere. Den var så **smuk**!

Der var blomster overalt og en lille dam med fisk i. Jeg så også et gyngestativ, som jeg ikke havde set før. Jeg var så spændt på at finde denne hemmelige have, og jeg glæder mig til at udforske den mere. Jeg var også vild med mit nye værelse. Det var så stort og lyst, og der var allerede plakater af mine yndlingsbands på væggene. Jeg behøvede ikke engang at tage mine egne **møbler** med, for der var allerede en seng, en kommode og et skrivebord her. Det her bliver det bedste år nogensinde! Jeg var lidt nervøs for at starte på en ny **skole,** men alle mine nye naboer har været så venlige. Jeg har endda mødt en pige, der bor ved siden af, og hun siger, at hun vil gå med mig i skole den første dag.

weekend, en ik zei dat ik graag zou komen. Ik had een geweldige eerste week in mijn nieuwe huis, en ik ben opgewonden over alle nieuwe avonturen die in het verschiet liggen. Vandaag ga ik weer op verkenning in de achtertuin en kijken wat ik nog meer kan vinden. Wie weet, misschien vind ik wel een **schat**. Ik kan niet wachten om te zien wat de volgende week brengt!
De volgende week ging ik weer op verkenning in de achtertuin, en ik vond een **geheime** tuin. Het was zo mooi! Er waren overal bloemen en een kleine vijver met vissen erin. Ik zag ook een schommel die ik nog niet eerder had gezien. Ik was zo opgewonden toen ik deze geheime tuin vond, en ik kan niet wachten om hem verder te verkennen. Het was zo **mooi**!

Er waren overal bloemen en een kleine vijver met vissen erin. Ik zag ook een **schommel** die ik nog niet eerder had gezien. Ik was zo opgewonden toen ik deze geheime tuin vond, en ik kan niet wachten om hem verder te verkennen. Ik vond mijn nieuwe kamer ook geweldig. Hij was zo groot en licht, en er hingen al posters van mijn favoriete bands aan de muur. Ik hoefde niet eens mijn eigen **meubels** mee te nemen, want er stonden al een bed, een dressoir en een bureau. Dit wordt het beste jaar ooit! Ik was een beetje nerveus om op een nieuwe **school** te beginnen, maar al mijn nieuwe buren zijn zo vriendelijk. Ik heb zelfs een meisje ontmoet dat naast me woont, en ze zegt dat ze op mijn eerste dag met me naar school zal lopen.

Forståelse spørgsmål

1. Hvor bor den pågældende?

2. Hvordan kan personen lide at bo i det nye hus?

3. Hvad er den pågældendes yndlingssted i det nye hus?

4. Hvad fandt personen i haven?

5. Hvem er naboerne?

6. Hvordan føltes de første dage i det nye hus?

7. Hvad er den pågældendes foretrukne del af det nye rum?

8. Hvad har personen planer om at gøre i morgen?

9. Hvad var det bedste ved personens første uge i det nye hus?

10. Hvad er alt i personens nye værelse?

Begrip vragen

1. Waar woont de persoon?

2. Hoe vindt de persoon het in het nieuwe huis?

3. Wat is het favoriete deel van het nieuwe huis van de persoon?

4. Wat heeft de persoon in de tuin gevonden?

5. Wie zijn de buren?

6. Hoe voelde de persoon zich de eerste dagen in het nieuwe huis?

7. Wat is het favoriete deel van de nieuwe kamer van de persoon?

8. Wat is de persoon van plan morgen te doen?

9. Wat was het beste deel van de eerste week van de persoon in het nieuwe huis?

10. Wat is er allemaal in de nieuwe kamer van de persoon?

På toget

Jeg løb hen til togstationen, men jeg kom for sent. Toget var allerede kørt uden mig. Jeg følte mig så **vred** og **skuffet** over mig selv. Jeg havde planlagt at tage toget for at besøge mine bedsteforældre, som bor på landet, men nu skulle jeg vente en hel time på det næste tog. Jeg besluttede mig for at gå rundt i byen et stykke tid i stedet og forsøgte at glemme min forpassede chance. Mens jeg gik, begyndte jeg at **dagdrømme** om alle de steder, man kan komme med **tog.** Pludselig var jeg ikke længere så ked af det. Jeg går tilbage til stationen og kan ikke undgå at lægge mærke til det store røde, hvide og blå lokomotiv, der kommer kørende mod mig. Det er først da jeg ser **konduktøren** vinke til mig fra vinduet, at det går op for mig, at dette tog er til mig. Jeg stiger på toget og finder min plads og sætter mig til rette til det, der lover at blive en lang rejse.

Da vi kører ud af stationen, kan jeg ikke lade være med at tænke på, hvor dette tog vil føre mig hen. Gennem grønne **marker** og over blå floder, forbi bjerge og dale, der er ikke til at sige, hvor dette gamle tog vil køre hen. Da natten begynder at falde på, falder jeg i en **fredelig** søvn, vugget af de **rytmiske** bevægelser fra vognene på skinnerne nedenfor. Da morgenen kommer igen, åbner jeg øjnene og opdager, at vi er ankommet til en

In de trein

Ik rende naar het treinstation, maar ik was te laat. De trein was al vertrokken zonder mij. Ik voelde me zo **boos** en **teleurgesteld** in mezelf. Ik was van plan om met de trein naar mijn grootouders te gaan die op het platteland wonen, maar nu moest ik een heel uur wachten op de volgende trein. Ik besloot in plaats daarvan een eindje door de stad te lopen en probeerde mijn gemiste kans te vergeten. Terwijl ik liep, begon ik **te dagdromen** over alle plaatsen waar **treinen** je kunnen brengen. Plotseling was ik niet meer zo van streek. Ik liep terug naar het station en zag de grote rood-wit-blauwe locomotief die op me af kwam rijden. Pas als ik de **conducteur** vanuit het raam naar me zie zwaaien, realiseer ik me dat deze trein voor mij is. Ik stap in de trein en zoek een zitplaats. Ik ga zitten voor wat een lange reis belooft te worden.

Terwijl we het station uitrijden, vraag ik me af waar deze trein me heen zal brengen. Door groene **velden** en over blauwe rivieren, langs bergen en valleien, het is niet te zeggen waar deze oude trein heen zal gaan. Als de nacht begint te vallen, drijf ik weg in een **vredige** slaap, gewiegd door de **ritmische** beweging van de wagons op de sporen beneden. Als het weer ochtend wordt, open ik mijn ogen en zie dat we in een klein stadje

lille by et sted midt i ingenting. Solen titter lige frem over horisonten, mens de lokale begynder at myldre rundt på Main Street; det ligner enhver anden dag her bortset fra én ting - der er et stort skilt ved rådhuset, hvor der står “Velkommen om bord!” Det ser ud til, at denne lille by har ventet os, selv om vi bare er et almindeligt passagertog, der kører igennem på vej til et andet sted. Da vi endnu en gang lægger byen bag os og kører videre mod hvem ved hvor vi nu skal hen, smiler jeg til alle de venlige ansigter, der vinker farvel fra de små huse, der ligger i **landskabet - det** er virkelig utroligt, hvordan noget så tilsyneladende almindeligt kan bringe så meget glæde blot ved at passere. Og så er der selvfølgelig **børnene**.

Jeg læner mig ud af vinduet på mit lokomotiv. De gør mig altid så glad med deres strålende øjne og store grin. Jeg vinker energisk tilbage til dem, inden jeg vender tilbage til min **kabine** og sætter mig ned. Det har allerede været en lang dag, men den er ikke slut endnu; der er stadig et par timer til, før vi når vores endelige **destination**. Jeg tager min bog frem og begynder at læse, mens jeg lader togets rytmiske vuggen vugge mig ind i en fredfyldt tilstand. Indimellem kigger jeg op på landskabet, der passerer forbi udenfor - det bliver aldrig gammelt, uanset hvor mange gange jeg ser det. Til sidst begynder det at blive mørkt, og i det fjerne begynder der at dukke **blinkende** lys op; vi nærmer os nu. Snart nok kører vi ind på stationen og standser.

ergens in niemandsland zijn aangekomen. De zon komt net boven de horizon als de plaatselijke bevolking zich in de hoofdstraat begint te mengen; het ziet er hier uit als elke andere dag, behalve één ding - er hangt een groot bord bij het stadhuis met de tekst "Welkom aan boord!" Het lijkt erop dat dit stadje ons verwacht, ook al zijn we maar een gewone passagierstrein op doorreis naar elders. Terwijl we de stad weer achter ons laten, op weg naar wie weet waar, glimlach ik om al die vriendelijke gezichten die ons uitzwaaien vanuit die kleine huisjes tussen **het boerenland -** het is echt verbazingwekkend hoe iets dat zo gewoon lijkt, zoveel vreugde kan brengen door er gewoon langs te rijden. En dan, natuurlijk, zijn er de **kinderen**.

Ik leun uit het raam van mijn locomotief. Ze maken me altijd zo blij met hun stralende ogen en grote grijnzen. Ik zwaai energiek naar ze terug voordat ik terugga naar mijn **cabine** en ga zitten. Het was al een lange dag, maar hij is nog niet voorbij; het duurt nog een paar uur voordat we onze **eindbestemming** bereiken. Ik pak mijn boek en begin te lezen, terwijl het ritmische schommelen van de trein me in een vredige toestand brengt. Af en toe kijk ik op naar het landschap dat buiten aan me voorbijtrekt - het verveelt nooit, hoe vaak ik het ook zie. Uiteindelijk begint de nacht te vallen en verschijnen er **twinkelende** lichtjes in de verte; we komen nu in de buurt. Snel genoeg rijden we het station binnen en komen tot stilstand.

Forståelse spørgsmål

1. Hvor skal toget hen?

2. Hvem rejser med toget?

3. Hvornår kører toget?

4. Hvordan kommer hovedpersonen på toget?

5. Hvor kommer toget fra?

6. Hvor skal toget hen næste gang?

7. Hvornår ankom passagererne?

8. Hvordan har hovedpersonen det, da han misser toget?

9. Hvordan reagerer lokomotivføreren, da han ser hovedpersonen?

10. Hvorfor kan hovedpersonen lide tog?

Begrip vragen

1. Waar gaat de trein heen?

2. Wie reist er met de trein?

3. Wanneer vertrekt de trein?

4. Hoe komt de hoofdpersoon op de trein?

5. Waar komt de trein vandaan?

6. Waar gaat de trein nu heen?

7. Wanneer zijn de passagiers aangekomen?

8. Hoe voelt de hoofdpersoon zich als hij de trein mist?

9. Hoe reageert de treinmachinist als hij de hoofdpersoon ziet?

10. Waarom houdt de hoofdpersoon van treinen?

Tilberedning af aftensmad

Klokken er 17.00 nu, og jeg er på vej hjem fra arbejde. Jeg **glæder mig** til at få en rolig aften derhjemme med min partner. Vi laver mad sammen og slapper så bare af resten af aftenen. Det føles godt at vide, at jeg ikke har nogen planer eller forpligtelser denne **aften**. Jeg kommer hjem, og min partner er allerede i køkkenet og er begyndt at forberede vores middag. Det dufter **fantastisk** herinde! Vi snakker, mens vi laver mad, og vi får snakket om hinandens dage og deler små historier fra vores arbejdsliv. Køkkenet er mit yndlingsrum i vores lejlighed. Jeg elsker at lave mad, og jeg elsker især at lave mad sammen med min partner. Vi har det altid så sjovt herinde, hvor vi griner og laver sjov, mens vi laver mad i en storm. Desuden er maden altid **fantastisk,** når vi arbejder **sammen**.

I aften laver vi en af mine absolutte yndlingsopskrifter: **kylling** med parmesan. Min partner starter med at panere kyllingen, mens jeg får saucen til at simre på **komfuret**. Vi arbejder sammen som en velsmurt maskine, og inden længe er maden klar til servering. Vi sætter os ved vores lille køkkenbord med **tallerkener** fyldt med parmesankylling, pasta og salat. Vi klirrer med

Diner koken

Het is nu 5 uur 's middags en ik loop van mijn werk naar huis. Ik kijk **uit** naar een rustige avond thuis met mijn partner. We zullen samen eten koken en dan de rest van de avond ontspannen. Het voelt goed om te weten dat ik deze **avond** geen plannen of verplichtingen heb. Ik kom thuis en mijn partner is al in de keuken om ons eten klaar te maken. Het ruikt hier geweldig! We kletsen terwijl we koken, praten bij over elkaars dagen en delen kleine verhalen uit ons werkleven. De keuken is mijn favoriete kamer in ons appartement. Ik hou van koken, en vooral van koken met mijn partner. We hebben het hier altijd zo gezellig, we lachen en maken grapjes terwijl we koken. En het eten is altijd **heerlijk** als we **samenwerken**.

Vanavond maken we een van m'n lievelingsrecepten: Parmezaanse kip. Mijn partner begint met het paneren van de kip, terwijl ik de saus op het **fornuis** laat pruttelen. We werken samen als een goed geoliede machine en al snel is het eten klaar om op te dienen. We gaan aan onze kleine keukentafel zitten met **borden** vol met Parmezaanse kip, pasta en salade. We klinken op de glazen en nemen onze eerste hap,

glassene og tager den første bid - og det er **himmelsk**! Kyllingen er sprød udenpå, men saftig indeni; saucen er smagfuld og perfekt; pastaen er kogt al dente ... alt smager helt perfekt i aften. Vi ved begge to, at det var en af de aftener, hvor alt bare var perfekt, mens vi **nyder** hver eneste bid af vores lækre måltid. Det smagte endnu bedre, end det lugtede - og det var fandeme godt! Vi spiser forholdsvis hurtigt op, da ingen af os er særlig sultne i dag, men vi tager os god tid til at nyde et par **glas** vin mere, mens vi snakker let om dette og hint emne. Efter middagen rydder vi hurtigt op sammen og bevæger os derefter ind i stuen, hvor vi bruger lidt tid på at **hygge os i** sofaen, mens vi ser tv.

Det føles så dejligt at være tæt på hinanden efter en lang **arbejdsdag, hvor vi har været** adskilt. Jeg føler mig tilfreds. Selv om vi ikke havde en begivenhedsrig aften, var det rart bare at tilbringe lidt tid sammen uden at skulle forlade huset. Vi så en film og gik tidligt i seng og følte os **tilfredse** med vores enkle aften. Det er blevet en af vores **yndlingsting, når vi ikke har** lyst til at gå i byen - bare slappe af derhjemme og nyde hinandens selskab over et hjemmelavet måltid. Det er altid rart at vide, at vi kan komme tilbage hertil efter en lang dag og bare være os selv.

en het is **hemels**! De kip is knapperig van buiten maar sappig van binnen; de saus is smaakvol en perfect; de pasta is al dente gekookt... alles smaakt absoluut perfect vanavond. We weten allebei dat dit een van die avonden was waarop alles perfect samenkwam en we **genieten van** elke laatste hap van onze heerlijke maaltijd. Het smaakte nog beter dan het rook, en dat was verdomd goed! We eten relatief snel, omdat geen van ons beiden vandaag honger heeft, maar we nemen de tijd om nog een paar **glazen** wijn te drinken terwijl we luchtig kletsen over van alles en nog wat. Na het eten ruimen we snel samen op en gaan dan naar de woonkamer, waar we een poosje **knuffelen** op de bank terwijl we TV kijken.

Het voelt zo fijn om dicht bij elkaar te zijn na een lange dag apart **werken**. Ik voel me voldaan. Ook al hadden we geen avond vol belevenissen, het was fijn om gewoon wat tijd met elkaar door te brengen zonder het huis uit te hoeven. We keken een film en gingen vroeg naar bed, met een **voldaan** gevoel over onze eenvoudige avond. Dit is een van onze **favoriete** dingen geworden om te doen op avonden dat we niet uit willen gaan - gewoon thuis ontspannen en genieten van elkaars gezelschap tijdens een zelfgekookte maaltijd. Het is altijd fijn om te weten dat we hier na een lange dag kunnen terugkomen en gewoon onszelf kunnen zijn.

Forståelse spørgsmål

1. Hvor kommer fortælleren fra?

2. Hvad laver fortælleren efter arbejde?

3. Hvad spiser fortælleren til aftensmad?

4. Hvorfor kan fortælleren lide køkkenet?

5. Hvilken slags ret laver parret?

6. Hvordan føler fortælleren sig ved slutningen af aftenen?

7. Hvad er parrets yndlingsbeskæftigelse?

8. Hvad gør parret, når de bliver trætte?

9. Hvor sover de?

10. Hvorfor kan fortælleren lide at blive hjemme?

Begrip vragen

1. Waar komt de verteller vandaan?

2. Wat doet de verteller na het werk?

3. Wat eet de verteller als avondeten?

4. Waarom houdt de verteller van de keuken?

5. Wat voor gerecht kookt het stel?

6. Hoe voelt de verteller zich aan het eind van de avond?

7. Wat is het favoriete ding van het koppel om te doen?

8. Wat doet het stel als ze moe worden?

9. Waar slapen ze?

10. Waarom blijft de verteller graag thuis?

På vej hjem

Det var en **fredelig** aften, da jeg gik hjem fra arbejde. Mens jeg gik, kunne jeg ikke lade være med at smile over minderne. Det føltes godt at være tilbage i mit gamle kvarter. Jeg vinkede til et par mennesker, jeg kendte, og de vinkede tilbage. Det var godt at være hjemme. Jeg gik forbi min gamle skole og **huskede** alle de gode stunder, jeg havde haft med mine venner. Vi gik altid hjem sammen og talte om vores dag. **Nogle gange** stoppede vi op og fik is eller gik i parken. Det var de bedste tider. Jeg savner den tid. Men nu har jeg min egen familie, og jeg er tilfreds med mit liv. Jeg er glad for, at jeg kan se tilbage på disse minder og smile. De er en del af mit liv, som jeg altid vil værdsætte. Det var den bedste tid. Jeg savner den tid. Men nu har jeg min egen familie, og jeg er tilfreds med mit liv. Jeg er glad for, at jeg kan se tilbage på disse **minder** og smile. De er en del af mit liv, som jeg altid vil værdsætte.

Jeg fortsætter med at gå og tænker på de gode stunder, jeg havde med mine venner. Jeg ved, at jeg snart vil se dem igen. Jeg går mod mit hjem og beslutter mig for at gå gennem en park i nærheden. Solen er ved at gå ned, og himlen er ved at få en **smuk** orange farve. Parken er tom, bortset fra et par fugle, der kvidrer i træerne. Jeg tager en dyb **indånding** og smiler. Mens

Walking Home

Het was een **rustige** avond toen ik van mijn werk naar huis liep. Terwijl ik liep, kon ik niet anders dan glimlachen bij de herinneringen. Het voelde goed om terug in mijn oude buurt te zijn. Ik zwaaide naar een paar mensen die ik kende, en zij zwaaiden terug. Het was goed om thuis te zijn. Ik liep langs mijn oude school en **herinnerde me** alle leuke tijden die ik had met mijn vrienden. We liepen altijd samen naar huis en praatten over onze dag. **Soms** stopten we om een ijsje te halen of gingen we naar het park. Dat waren de beste tijden. Ik mis die tijden. Maar nu heb ik mijn eigen familie en ik ben blij met mijn leven. Ik ben blij dat ik op die herinneringen kan terugkijken en glimlachen. Ze zijn een deel van mijn leven dat ik altijd zal koesteren. Dat waren de beste tijden. Ik mis die tijden. Maar nu heb ik mijn eigen familie en ben ik gelukkig met mijn leven. Ik ben blij dat ik kan terugkijken op die **herinneringen** en kan glimlachen. Ze zijn een deel van mijn leven dat ik altijd zal koesteren.

Ik blijf lopen, denkend aan de goede tijden die ik had met mijn vrienden. Ik weet dat ik ze snel weer zal zien. Ik ga richting mijn huis en besluit door een park in de buurt te lopen. De zon gaat onder en de lucht kleurt **prachtig** oranje. Het park is leeg, behalve een

jeg går gennem parken, ser jeg et stjerneskud strejfe hen over himlen. Jeg ønsker mig noget på den stjerne og fortsætter min gåtur. Jeg tænker på min dag på arbejdet, og hvor **fredfyldt** den var. Jeg smiler for mig selv og tænker på, hvor heldig jeg er med at have så godt et job. Jeg går hjem og **mærker den** kølige natteluft på min hud. Jeg føler mig så levende og glad, fordi jeg bare nyder den simple handling at gå hjem på en fredelig aften. Jeg havde det så godt, at jeg begyndte at **fløjte**. Jeg gik forbi et par mennesker på gaden, men de passede alle sammen deres egne sager.

Jeg drejede om hjørnet ind på min gade og så min nabos kat, Mr. Whiskers, sidde på min veranda. Jeg sagde hej til ham, og han miavede tilbage. Jeg **låste** min dør **op** og gik ind. Jeg var så glad for at være hjemme. Jeg tog mine sko af og gjorde mig klar til at gå i seng. Jeg gik i seng den aften og følte mig glad og taknemmelig, mit hjerte var fuldt af kærlighed. Jeg sov trygt hele natten og bekymrede mig ikke om noget. Jeg vågnede fra en udhvilet søvn og blev **mødt af** solen, der skinnede ind gennem mit vindue. Jeg stod ud af sengen og strakte mig, tog en dyb indånding og følte den kølige luft fylde mine lunger. Jeg gik hen til mit vindue og kiggede ud og hørte fuglene kvidre og **egern** lege. Jeg smilede og gik hen for at tage tøj på, jeg følte mig glad og tilfreds.

paar vogels die in de bomen tjilpen. Ik haal diep **adem** en glimlach. Terwijl ik door het park loop, zie ik een vallende ster door de lucht scheren. Ik doe een wens op die ster, en loop verder. Ik denk aan mijn dag op het werk en hoe **vredig** het was. Ik glimlach in mezelf, denkend aan hoe gelukkig ik ben dat ik zo'n geweldige baan heb. Ik loop naar huis en **voel** de koele nachtlucht op mijn huid. Ik voel me zo levendig en gelukkig, gewoon genietend van de eenvoudige handeling van het naar huis lopen op een vredige avond. Ik voelde me zo goed, dat ik begon te **fluiten**. Ik liep langs een paar mensen op straat, maar ze bemoeiden zich allemaal met hun eigen zaken.

Ik draaide de hoek van mijn straat om en zag de kat van mijn buren, Mr. Whiskers, op mijn veranda zitten. Ik zei hem gedag en hij miauwde terug. Ik **deed** mijn deur **van het slot** en ging naar binnen. Ik was zo blij om thuis te zijn. Ik trok mijn schoenen uit en maakte me klaar om naar bed te gaan. Ik ging die avond naar bed met een blij en dankbaar gevoel, mijn hart vol liefde. Ik sliep de hele nacht rustig door, zonder me ergens zorgen over te maken. Ik werd wakker uit een rustgevende slaap en werd **begroet** door de zon die door mijn raam naar binnen scheen. Ik stapte uit bed en rekte me uit, haalde diep adem en voelde hoe de koele lucht mijn longen vulde. Ik liep naar mijn raam en keek naar buiten, hoorde de vogels kwetteren en de **eekhoorns** spelen. Ik glimlachte en kleedde me aan, blij en tevreden.

Forståelse spørgsmål

1. Hvad lavede hovedpersonen, da historien begyndte?

2. Hvad tænkte hovedpersonen på, da han gik hjem?

3. Hvad plejede hovedpersonen at lave med sine venner efter skoletid?

4. Hvad savner hovedpersonen fra den tid?

5. Hvad tænker hovedpersonen om sit nuværende liv?

6. Hvad gør hovedpersonen, når han ser et stjerneskud?

7. Hvordan har hovedpersonen det, når de går hjem?

8. Hvad gør hovedpersonen, når de kommer hjem?

9. Hvordan har hovedpersonen det, når han vågner op næste morgen?

10. Hvad gør hovedpersonen den næste dag?

Begrip vragen

1. Wat was de hoofdpersoon aan het doen toen het verhaal begon?

2. Waar dacht de hoofdpersoon aan toen hij naar huis liep?

3. Wat deed de hoofdpersoon vroeger met vrienden na school?

4. Wat mist de hoofdpersoon van die tijd?

5. Wat vindt de hoofdpersoon van zijn huidige leven?

6. Wat doet de hoofdpersoon als hij een vallende ster ziet?

7. Hoe voelt de hoofdpersoon zich als ze naar huis lopen?

8. Wat doet de hoofdpersoon als ze thuiskomen?

9. Hoe voelt de hoofdpersoon zich als hij de volgende ochtend wakker wordt?

10. Wat doet de hoofdpersoon de volgende dag?

Slottet

Familien havde altid ønsket at besøge et gammelt slot i **Tyskland, og** endelig tog de af sted. De blev ikke **skuffede**. Slottet var smukt, og de nød at udforske de mange rum og gange. Det første, der slog dem, var lugten. De fandt **skimmelsvamp**, fugt og noget andet, som de ikke helt kunne sætte en finger på. Den anden ting var lyden. Stenvægge er tykke, men de dæmper ikke lyden helt. De hørte hvert eneste skridt, hvert eneste ord, der blev sagt med en normal stemme, og af og til dryppede der vand **et sted i det** fjerne. Da deres øjne vænnede sig til det svage lys, så de massive stenvægge, der tårnede sig op omkring dem, og fra dem hang gobelinerne i **flossede** stykker. De stod i en stor hal med et højt loft, der blev støttet af udskårne søjler. De elskede også udsigten fra tårnene, og børnene havde det sjovt at løbe rundt på området. **Solen** var begyndt at gå ned, da de var færdige med at udforske slottet, og de beklagede, at de ikke havde taget en **lommelygte** med. De besluttede sig for at gå tilbage til indgangen, men fandt hurtigt ud af, at de var faret vild. De vandrede rundt i det, der føltes som timer, indtil de endelig stødte på en dør, der førte ud. De fortsatte, indtil de **nåede** enden af gangen og kom til et imponerende sæt dobbeltdøre. De prøvede så meget de kunne, men dørene ville ikke røre sig. De rasler

Het kasteel

De familie had altijd al eens een oud kasteel in **Duitsland** willen bezoeken, en eindelijk hebben ze de reis gemaakt. Ze werden niet **teleurgesteld**. Het kasteel was prachtig, en ze genoten van het verkennen van de vele kamers en gangen. Het eerste wat hen trof was de geur. Ze vonden **schimmel**, vochtigheid, en iets anders waar ze hun vinger niet op konden leggen. Het tweede was het geluid. Stenen muren zijn dik, maar ze dempen het geluid niet volledig. Ze hoorden elke voetstap, elk woord dat met een normale stem werd gesproken, en af en toe een druppeltje water **ergens** in de verte. Toen hun ogen zich aanpasten aan het zwakke licht, zagen zij overal om hen heen massieve stenen muren opdoemen, waaraan wandtapijten in flarden hingen. Ze stonden in een enorme hal met een hoog plafond, ondersteund door gebeeldhouwde pilaren. Ze hielden ook van het uitzicht vanaf de torentjes, en de kinderen vermaakten zich met rondrennen over het terrein. De **zon** begon al onder te gaan tegen de tijd dat ze klaar waren met het verkennen van het kasteel, en ze betreurden het dat ze geen **zaklamp** hadden meegenomen. Ze besloten om terug te gaan naar de ingang, maar al snel waren ze verdwaald. Ze dwaalden urenlang rond, tot ze eindelijk een deur tegenkwamen die naar buiten

ildevarslende, men bevæger sig ikke en tomme. Det så ud som om den, der har været her før, må være gået igennem her og have låst dem indefra. Til sidst finder de en vej ud. Lettelse skyllede over dem, da de trådte ud i den kølige natteluft.

Solen var begyndt at gå ned, og de **beklagede,** at de ikke havde taget en lommelygte med. De besluttede sig for at gå tilbage til indgangen, men fandt hurtigt ud af, at de var faret vild. De vandrede rundt i det, der føltes som timer, indtil de til sidst stødte på en dør, der førte **udenfor**. Lettethed skyllede over dem, da de trådte ud i den kølige natteluft. Næste aften sørgede de for at tage en lommelygte med sig, da de udforskede resten af slottet. De gik gennem **gården** og ned til floden, der løb bag **slottets** mure. Mens de gik rundt, begyndte de at høre mærkelige lyde. Det lød som om, at nogen fulgte efter dem. De satte farten op, men lydene blev højere og tættere. Familien løb tilbage til slottet så hurtigt de kunne, og de var lettede over at se, at skikkelsen i den **mørke** kappe ikke havde fulgt efter dem.

leidde. Ze liepen door tot ze **aan het** eind van de gang kwamen bij een imposant stel dubbele deuren. Hoe ze ook probeerden, de deuren wilden niet bewegen. Ze rammelden **onheilspellend**, maar bewogen geen centimeter. Het leek erop dat degene die hier eerder was, hier doorheen was gegaan en ze van binnenuit had afgesloten. Uiteindelijk vinden ze een uitweg. Opluchting overspoelde hen toen ze naar buiten stapten in de koele nachtlucht.

De zon begon onder te gaan en zij **betreurden het** dat zij geen zaklamp hadden meegenomen. Ze besloten terug te gaan naar de ingang, maar al gauw waren ze verdwaald. Ze dwaalden urenlang rond, tot ze eindelijk een deur tegenkwamen die **naar buiten** leidde. Opluchting overviel hen toen ze naar buiten stapten in de koele nachtlucht. De volgende avond namen ze een zaklamp mee om de rest van het kasteel te verkennen. Ze liepen over de **binnenplaats** en naar de rivier die achter de kasteelmuren stroomde. Terwijl ze rondliepen, begonnen ze vreemde geluiden te horen. Het klonk alsof iemand hen volgde. Ze versnelden hun pas, maar de geluiden werden luider en dichterbij. De familie rende zo snel als ze konden terug naar het kasteel, en ze waren opgelucht toen ze zagen dat de figuur in de **donkere** mantel hen niet was gevolgd.

Forståelse spørgsmål

1. Hvad gjorde familien, da de farede vild på slottet?

2. Hvordan havde familien det, da de fandt ud af, at det bare var en lokal mand?

3. Hvad gjorde manden, som fik ham arresteret?

4. Hvad var straffen for manden?

5. Hvilken støj hørte familien, mens de gik?

6. Hvor var skikkelsen i den mørke kappe, da familien så ham?

7. Hvad gjorde familien, da de kom tilbage til deres værelse?

8. Hvornår gik familien på opdagelse på slottet igen?

9. Hvad var det, som familien ikke kunne sætte fingeren på?

10. Hvad lavede familien, før de gik på opdagelse på slottet igen?

Begrip vragen

1. Wat deed de familie toen ze verdwaald waren in het kasteel?

2. Hoe voelde de familie zich toen ze erachter kwamen dat het gewoon een lokale man was?

3. Wat heeft de man gedaan waardoor hij gearresteerd is?

4. Wat was de straf voor de man?

5. Welk geluid hoorde de familie tijdens de wandeling?

6. Waar was de figuur in de donkere mantel toen de familie hem zag?

7. Wat deed de familie toen ze terugkwamen in hun kamer?

8. Wanneer ging de familie het kasteel weer verkennen?

9. Wat was het ding waar de familie hun vinger niet op konden leggen?

10. Wat deed de familie voordat ze weer op verkenning gingen in het kasteel?

Min have

Min have er mit lykkelige sted. Jeg går derud hver dag, uanset om det er regn eller solskin, og bruger tid på at passe mine planter. Jeg har lidt af **hvert - grøntsager**, frugt, blomster, urter. Jeg har endda et par høns, som hjælper med at holde skadedyrene på afstand. Jeg starter mine dage i haven med at samle æg fra hønsene. Derefter tjekker jeg mine grøntsager og sørger for, at de får nok vand og sol. Jeg luger bedene og fjerner alle insekter, der **angriber** planterne. Når **alt er ordnet,** læner jeg mig tilbage og nyder freden og stilheden i naturen.

Jeg har altid elsket at tilbringe tid i min have. Der er noget ved at være omgivet af naturen og al den **skønhed, som** den har at byde på. Jeg synes, at det er et meget fredeligt og beroligende sted. Jeg bruger ofte tid i min have på at slappe af og nyde landskabet. Jeg nyder også at arbejde i min have og dyrke ting. Jeg har en ret stor have, og jeg kan lide at dyrke mange **forskellige** ting i den. Jeg dyrker blomster, **grøntsager** og krydderurter. Jeg har også et par frugttræer, som producerer nogle lækre æbler, pærer og blommer. Ud over at dyrke ting nyder jeg også at bruge tid på bare at gå rundt i min have og **beundre** alle de forskellige planter og dyr, der bor her. Jeg har brugt mange timer

Mijn tuin

Mijn tuin is mijn geluksplek. Ik ga er elke dag heen, regen of zonneschijn, en besteed tijd aan het verzorgen van mijn planten. Ik heb een beetje van **alles:** **groenten**, fruit, bloemen, kruiden. Ik heb zelfs een paar kippen die helpen het ongedierte op afstand te houden. Ik begin mijn dagen in de tuin met het rapen van eieren bij de kippen. Dan controleer ik mijn groenten en zorg ervoor dat ze genoeg water en zon krijgen. Ik wied de bedden en verwijder insecten die de planten kunnen **aanvallen**. Als **alles** is gedaan, leun ik achterover en geniet van de rust en stilte van de natuur.

Ik heb altijd graag tijd doorgebracht in mijn tuin. Er is iets met het omringd zijn door de natuur en al het **moois** dat zij te bieden heeft. Ik vind het een heel vredige en kalmerende plek. Ik breng vaak tijd door in mijn tuin, gewoon om te ontspannen en te genieten van het landschap. Ik geniet er ook van om in mijn tuin te werken en dingen te kweken. Ik heb een behoorlijk grote tuin, en ik kweek er graag **verschillende** dingen in. Ik kweek bloemen, **groenten** en kruiden. Ik heb ook een paar fruitbomen die heerlijke appels, peren en pruimen voortbrengen. Naast het kweken van dingen, vind ik het ook leuk om gewoon in mijn tuin rond te lopen en de verschillende planten en dieren te

i årenes løb på at gøre min **have til** et sted, der ikke kun er smukt, men også funktionelt. Jeg elsker at se fuglene flyve rundt og lytte til deres sang. Nogle gange tager jeg endda en bog frem og læser i haven, mens jeg er omgivet af al den skønhed, som jeg har skabt. **Havearbejde** er min passion, og det giver mig så meget glæde. Hver dag i min have er en god dag.

En af de ting, jeg elsker at lave mad, er at lave mad, så det er meget **vigtigt** for mig at have en velassorteret urtehave. Timian, basilikum, oregano, rosmarin, salvie og lavendel er blot nogle af de krydderurter, som jeg gerne dyrker i min have, så jeg kan bruge dem, når jeg laver mad til mig selv eller til **gæster**. En anden ting, der er vigtig for mig, når det gælder min have, er at sørge for, at der er masser af farver i hele haven. For at nå dette mål dyrker jeg en lang række forskellige blomster, herunder **roser**, liljer, tusindfryd, tulipaner, impatiens, morgenfruer osv. Ud over at tilføje farve med blomster kan jeg også godt lide at skabe interesse ved at bruge forskellige **teksturer i** haven. Jeg kan f.eks. plante bregner under tårnhøje solsikker eller hostaer **ved siden af** spidse prydgræsser. Uanset hvad der ellers sker i livet, **så** hjælper arbejdet i min have mig altid med at føle mig mere forbundet med naturen og i fred med mig selv.

bewonderen die er wonen. Ik heb in de loop der jaren vele uren besteed om van mijn **tuin** een plek te maken die niet alleen mooi is, maar ook functioneel. Ik kijk graag naar de vogels die rondfladderen en luister naar hun gezang. Soms haal ik zelfs een boek tevoorschijn en lees in de tuin terwijl ik omringd ben door al het mooois dat ik heb gecreëerd. **Tuinieren** is mijn passie en het brengt me zoveel vreugde. Elke dag in mijn tuin is een goede dag.

Een van de dingen die ik graag doe is koken, dus een goed gevulde kruidentuin is erg **belangrijk** voor me. Tijm, basilicum, oregano, rozemarijn, salie en lavendel zijn slechts enkele van de kruiden die ik graag in mijn tuin kweek, zodat ik ze kan gebruiken bij het bereiden van maaltijden voor mezelf of voor **gasten**. Wat ik ook belangrijk vind in mijn tuin is dat er veel kleur in zit. Om dit doel te bereiken, kweek ik een grote verscheidenheid aan bloemen, waaronder **rozen**, lelies, madeliefjes, tulpen, impatiens, goudsbloemen, enz. Naast het toevoegen van kleur met bloemen, vind ik het ook leuk om verschillende **texturen te** gebruiken in de tuin. Zo plant ik bijvoorbeeld varens onder torenhoge zonnebloemen of hosta's **naast** stekelige siergrassen. Wat er verder ook aan de hand is in mijn leven, door in mijn tuin **te** werken voel ik me altijd meer verbonden met de natuur en in vrede met mezelf.

Forståelse spørgsmål

1. Hvor ligger forfatterens have?

2. Hvor mange høns har forfatteren?

3. Hvad laver forfatteren i haven hver dag?

4. Hvorfor kan forfatteren lide haven?

5. Hvilke urter planter forfatteren i haven?

6. Hvorfor er det vigtigt for forfatteren, at der er mange farver i hans have?

7. Hvordan skaber forfatteren variation i sin have?

8. Hvordan har forfatteren det, når han arbejder i sin have?

9. Hvad får forfatteren til at føle sig forbundet, når han er i sin have?

10. Hvorfor er hver dag i forfatterens have en god dag?

Begrip vragen

1. Waar is de tuin van de auteur?

2. Hoeveel kippen heeft de schrijver?

3. Wat doet de schrijver elke dag in de tuin?

4. Waarom houdt de auteur van de tuin?

5. Welke kruiden plant de auteur in de tuin?

6. Waarom is het belangrijk voor de auteur dat er veel kleuren in zijn tuin zijn?

7. Hoe brengt de auteur afwisseling in zijn tuin?

8. Hoe voelt de schrijver zich als hij in zijn tuin werkt?

9. Waardoor voelt de auteur zich verbonden als hij in zijn tuin is?

10. Waarom is elke dag in de tuin van de auteur een goede dag?

På indkøb

Jeg elsker at **shoppe** i indkøbscentret. Det er altid så sjovt at gå rundt og kigge på alle de forskellige butikker. Der er noget for enhver smag i centeret, og det er altid et godt sted at finde tilbud på tøj, sko og tilbehør. Jeg **plejer at** starte min shoppingtur med at gå gennem **hovedindgangen til** centeret. Derfra går jeg først til mine yndlingsbutikker. Når jeg har kigget i disse butikker, går jeg rundt og ser, om der er udsalg andre steder. Jeg ender som regel med at bruge et par timer i indkøbscentret, før jeg endelig køber ind. Jeg kan altid godt lide at tage mig god tid, når jeg shopper, **fordi** jeg vil være sikker på, at jeg får **præcis** det, jeg ønsker. Desuden er det bare sjovere på den måde!

Jeg synes altid, det er så **fascinerende at** kigge på folk, når jeg er i indkøbscenteret. Man kan virkelig fortælle meget om en person ved at se på den måde, de handler på. Nogle mennesker er meget metodiske og tager sig god tid, mens andre bare tager **alt, hvad** de kan, og går til kassen så hurtigt som muligt. Der er også de shoppere, der virker mere interesserede i at tale i mobiltelefon eller skrive sms'er end i at se på varerne! Men uanset hvilken slags shopper du er, synes alle at nyde at shoppe i et vindue - også selv om du ikke køber noget. Der er bare noget ved at se på alle

Gaan winkelen

Ik hou ervan om te gaan **winkelen** in het winkelcentrum. Het is altijd zo leuk om rond te lopen en naar alle verschillende winkels te kijken. Er is voor elk wat wils in het winkelcentrum, en het is altijd een geweldige plek om deals te vinden voor kleren, schoenen en accessoires. Ik begin mijn shoppingtrip meestal met een wandeling door de **hoofdingang** van het winkelcentrum. Van daaruit ga ik eerst naar mijn favoriete winkels. Na het bekijken van die winkels, loop ik rond en kijk of er een verkoop gaande is op andere plaatsen. Meestal ben ik wel een paar uur in het winkelcentrum voordat ik eindelijk mijn aankopen doe. Ik neem altijd graag mijn tijd als ik ga winkelen**, want** ik wil zeker weten dat ik **precies** krijg wat ik wil. Plus, het is gewoon leuker op die manier!

Ik vind het altijd zo **fascinerend** om mensen te kijken als ik in het winkelcentrum ben. Je kunt echt veel over een persoon vertellen door de manier waarop ze winkelen. Sommige mensen zijn heel methodisch en nemen hun tijd, terwijl anderen gewoon lijken te grijpen **wat** ze kunnen en zo snel mogelijk naar de kassa gaan. Er zijn ook shoppers die meer geïnteresseerd lijken te zijn in het praten op hun mobieltje of in sms'en dan in het bekijken van de koopwaar! Het maakt echter

de smukke ting i **butiksvinduerne, som** gør mig glad. Nogle gange fantaserer jeg om, hvordan det ville være, hvis jeg havde råd til **alt det,** jeg ser! Alt i alt er en dag i indkøbscenteret en af mine yndlingsbeskæftigelser. Det er en fantastisk måde at slappe af og slappe af på, samtidig med at man får en lille smule motion (hvis man går nok rundt). Desuden er det **altid** rart at forkæle sig selv med en ny skjorte eller et par nye sko i ny og næ!

Jeg havde haft en **lang** dag på arbejde og havde endelig lidt tid for mig selv, så jeg besluttede mig for at shoppe i centeret. Jeg havde brug for noget nyt tøj til den **kommende** sæson. Så snart jeg gik ind, så jeg alle de lyse lys og skinnende butiksfacader. Jeg gik først hen til min yndlingsbutik og begyndte at kigge i reolerne. Jeg fandt et par søde toppe og prøvede dem på i omklædningsrummet. Mens jeg så mig selv i spejlet, hørte jeg nogen komme ind i omklædningsrummet ved siden af mit. Jeg genkendte deres stemme som en af mine kolleger. Vi hilste på hinanden og begyndte at snakke om arbejdet. Efter et par minutter blev vi begge færdige og gik **hver til sit,** men løb ind i hinanden igen senere. Vi fortsatte med at snakke og indså, at vi havde mere til fælles, end vi troede.

niet uit wat voor soort shopper je bent, iedereen lijkt te genieten van window shopping - zelfs als je niet echt iets koopt. Er is gewoon iets aan het kijken naar al die mooie dingen in de **etalages** dat me gelukkig maakt. Soms fantaseer ik over hoe het zou zijn als ik me **alles** kon veroorloven wat ik zie! Al met al is een dagje winkelen in het winkelcentrum een van mijn favoriete bezigheden. Het is een geweldige manier om te ontspannen en tot rust te komen, terwijl je ook een beetje beweging krijgt (als je maar genoeg rondloopt). Bovendien is het **altijd** leuk om jezelf af en toe te trakteren op een nieuw shirt of een paar schoenen!

Ik had een **lange** dag op het werk en had eindelijk wat tijd voor mezelf, dus besloot ik te gaan winkelen in het winkelcentrum. Ik had wat nieuwe kleren nodig voor het **komende** seizoen. Zodra ik binnenkwam, zag ik al die felle lichten en glimmende etalages. Ik ging eerst naar mijn favoriete winkel en begon door de rekken te snuffelen. Ik vond een paar leuke topjes en paste ze in de kleedkamer. Terwijl ik mezelf in de spiegel bekeek, hoorde ik iemand de kleedkamer naast de mijne binnenkomen. Ik herkende zijn stem als een van mijn collega's. We zeiden hallo en begonnen te kletsen over het werk. Na een paar minuten waren we allebei klaar en gingen we onze **eigen** weg, maar later kwamen we elkaar weer tegen. We praatten verder en beseften dat we meer gemeen hadden dan we dachten.

Forståelse spørgsmål

1. Hvor kan du bedst lide at opbevare dine varer?

2. Hvad er din yndlingsbutik i indkøbscenteret?

3. Hvor længe bliver du normalt i indkøbscenteret?

4. Hvad synes du om folk, der bruger meget tid i indkøbscenteret?

5. Hvad er din yndlingsaktivitet i indkøbscenteret?

6. Har du nogensinde købt noget i indkøbscentret, som du egentlig ikke havde brug for?

7. Hvordan reagerer du, når du ser noget i indkøbscentret, som du gerne vil have, men som er for dyrt?

8. Har du nogensinde set noget i indkøbscenteret og tænkt på, hvem der ville købe det?

9. Hvad mener du om folk, der har travlt med deres mobiltelefoner i indkøbscentret i stedet for at kigge i butikkerne?

Begrip vragen

1. Waar sla je het liefst op?

2. Wat is je favoriete winkel in het winkelcentrum?

3. Hoe lang blijft u meestal in het winkelcentrum?

4. Wat vind je van mensen die veel tijd in het winkelcentrum doorbrengen?

5. Wat is uw favoriete bezigheid in het winkelcentrum?

6. Heb je ooit iets gekocht in het winkelcentrum terwijl je het niet echt nodig had?

7. Hoe reageert u als u in het winkelcentrum iets ziet dat u heel graag zou willen hebben, maar dat te duur is?

8. Heb je ooit iets in het winkelcentrum gezien en je afgevraagd wie het zou kopen?

9. Wat vindt u van mensen die in het winkelcentrum met hun mobieltje bezig zijn in plaats van naar de winkels te kijken?

På markedet

Jeg vågner tidligt lørdag morgen og er ivrig efter at komme til **markedet,** før det bliver for overfyldt. Jeg smider noget tøj på og går ud af døren og tager mine genbrugsposer med på vejen. Mens jeg går, begynder jeg at planlægge, hvad jeg vil lave til den kommende uge. Jeg ved, at jeg vil **stege** grøntsager mindst én gang, så jeg bliver nødt til at købe grøntsager af god kvalitet. Jeg vil også lave en suppe eller gryderet, så jeg skal også købe noget kød. Jeg må se, hvad der ser godt ud, når jeg kommer derhen. Markedet ligger kun et par gader væk, og jeg kan allerede se de opstillede boder og de mange **mennesker, der er på vej** rundt.

Jeg ankommer til markedet og går direkte til grøntsagsstanden. Udvalget er smukt, og jeg fylder mine poser med en række **friske** produkter. Jeg snakker lidt med landmanden, og han anbefaler mig nogle opskrifter. Jeg glæder mig til at afprøve dem. Jeg snakker med **landmændene,** mens jeg handler, og lærer dem og deres produkter at kende. Når jeg har fået alle de grøntsager, jeg har brug for, går jeg videre til kødafdelingen. Jeg er lidt mere tøvende her, da jeg ikke er sikker på, hvad jeg vil have. Jeg beslutter mig til sidst for kylling, fordi det er alsidigt og kan bruges i en række forskellige retter. Jeg køber også et par

Op de markt

Ik sta op zaterdagochtend vroeg op, popelend om naar de **markt te gaan** voordat het te druk wordt. Ik trek wat kleren aan en ga de deur uit, terwijl ik onderweg mijn herbruikbare tassen pak. Terwijl ik loop, begin ik te plannen wat ik de komende week wil maken. Ik weet dat ik minstens één keer groenten wil **roosteren**, dus ik moet wat groenten van goede kwaliteit kopen. Ik wil ook een soep of stoofpot maken, dus ik moet ook wat vlees kopen. Ik zal moeten kijken wat er goed uitziet als ik daar ben. De markt is maar een paar straten verderop, en ik zie de kraampjes al staan en de **mensen al rondlopen**.

Ik kom aan op de markt en ga meteen naar de groentekraam. Het aanbod is prachtig en ik vul mijn tassen met een verscheidenheid aan **verse** producten. Ik maak een praatje met de boer en hij raadt me een paar recepten aan. Ik ben enthousiast om ze uit te proberen. Ik maak een praatje met de **boeren** terwijl ik aan het winkelen ben en leer hen en hun producten kennen. Als ik alle groenten heb die ik nodig heb, ga ik naar de vleesafdeling. Ik aarzel een beetje, omdat ik niet zeker weet wat ik wil hebben. Uiteindelijk kies ik voor kip, omdat dat veelzijdig is en in allerlei gerechten kan worden gebruikt. Ik koop

forskellige udskæringer af kød og sørger for at få græsfodret oksekød og fritgående **kylling**. Slagteren var en venlig mand, der altid var glad på trods af de lange arbejdstider. Han pakkede mine kyllingebryster og bøffer ind, inden han snakkede med mig om sine planer for weekenden. Jeg sagde farvel til ham og fortsatte min vej. Jeg købte også nogle æg og ost i mejeriafdelingen.

Markedet var fyldt med mennesker, som alle var ivrige efter at få **fingrene i** de friske råvarer og det kød, der blev tilbudt. Luften var tyk af duft af hvidløg og løg, og lyden af latter og samtaler fyldte luften. Jeg banede mig vej gennem mængden og valgte de andre varer, jeg skulle bruge til min ugentlige indkøb. Jeg fyldte min **kurv** med frugt og grøntsager, pasta og brød, inden jeg gik til kassen. Køen var lang, men den gik hurtigt. Endelig var de sidste **varer** købt ind, og det var tid til at tage hjem. Bilen blev læsset, og køreturen hjem var lang og kedelig. Trafikken var tæt, og varmen var trykkende. Endelig kørte bilen ind i indkørslen, og lettelsen var mærkbar. Huset var køligt og roligt, og det var et fristed efter markedets trav**lhed** og travlhed. Alt blev pakket væk, og huset var snart tilbage til den sædvanlige ro og fred. Jeg havde alt, hvad jeg havde brug for til at lave nogle **lækre** måltider til mig selv og min familie. Det var godt at være hjemme.

ook een paar verschillende stukken vlees, en zorg ervoor dat ik grasgevoerd rundvlees en **scharrelkip koop**. De slager was een vriendelijke man, altijd vrolijk ondanks de lange uren die hij werkte. Hij pakte mijn kippenborst en biefstuk in voordat hij met me praatte over zijn weekendplannen. Ik nam afscheid van hem en vervolgde mijn weg. Ik heb ook nog wat eieren en kaas meegenomen uit de zuivelafdeling.

Het krioelde van de mensen op de markt, die allemaal stonden te popelen om de verse producten en het vlees dat werd aangeboden in **handen te** krijgen. De lucht hing vol met de geur van knoflook en uien, en het geluid van gelach en gesprekken vulde de lucht. Ik baande me een weg door de menigte en zocht de andere dingen uit die ik nodig had voor mijn wekelijkse boodschappen. Ik vulde mijn **mandje** met fruit en groenten, pasta en brood, voordat ik naar de kassa ging. De rij was lang, maar het ging snel. Eindelijk waren de laatste **boodschappen** gedaan, en was het tijd om naar huis te gaan. De auto werd volgeladen, en de rit naar huis was lang en moeizaam. Het verkeer was druk en de hitte was drukkend. Eindelijk reed de auto de oprit op en de opluchting was voelbaar. Het huis was koel en stil, en het was een oase na de drukte van de markt. Alles werd opgeborgen, en het huis was al snel weer in zijn gebruikelijke rust en stilte. Ik had alles wat ik nodig had om **heerlijke** maaltijden te maken voor mezelf en voor mijn gezin. Het was goed om thuis te zijn.

Forståelse spørgsmål

1. Hvor skal personen hen?

2. Hvad ønsker personen at købe?

3. Hvor mange tasker har personen?

4. Hvor langt væk er markedet?

5. Hvad laver personen lige nu?

6. Hvad er alt på markedet?

7. Hvor mange mennesker er der på markedet?

8. Hvor lang tid tog det personen at købe det hele?

9. Hvordan tog personen hjem?

10. Hvad gjorde personen, da han eller hun kom hjem?

Begrip vragen

1. Waar gaat de persoon heen?

2. Wat wil de persoon kopen?

3. Hoeveel tassen heeft de persoon?

4. Hoe ver weg is de markt?

5. Wat doet de persoon op dit moment?

6. Wat is alles op de markt?

7. Hoeveel mensen zijn er op de markt?

8. Hoe lang heeft de persoon erover gedaan om alles te kopen?

9. Hoe is de persoon naar huis gegaan?

10. Wat deed de persoon toen hij of zij thuiskwam?

På en café

Det var en kølig efterårsmorgen, og jeg havde aftalt at mødes med min veninde Lily på vores yndlingscafé for at drikke en kop kaffe. Jeg pakkede mig varmt ind i min frakke og mit tørklæde og tog af sted. Bladene var ved at falde af træerne, og luften havde et lille nip i sig, men solen skinnede, og det lovede at blive en smuk dag. Mens jeg gik, **tænkte** jeg på, hvor godt det var at have en veninde som Lily. Vi havde været venner i årevis, lige siden vi mødtes på **universitetet**. Vi var blevet knyttet sammen over vores kærlighed til kaffe og til at snakke på caféer. Selv om vi nu boede i forskellige dele af byen, lykkedes det os stadig at mødes til kaffe en gang om ugen. Jeg ankom til caféen, og Lily var der allerede og ventede på mig. Vi hilste på hinanden og bestilte derefter vores kaffe. Vi fandt et bord ved vinduet og satte os ned for at snakke. **Kaffen** var som altid lækker, og det var så dejligt at snakke med Lily. Vi talte om vores uge, vores job og vores planer for fremtiden. Det var altid så let at tale med Lily, og jeg følte, at jeg kunne fortælle hende alt. Efter et stykke tid begyndte vi at blive sultne og **besluttede os for** at bestille noget mad.

Vi **bestilte** vores mad og fandt en plads ved vinduet. Solen skinnede ind gennem vinduet og fik alt til at føles

In een café

Het was een kille **herfstochtend** en ik had met mijn vriendin Lily afgesproken in ons favoriete café voor een kopje koffie. Ik wikkelde me warm in mijn jas en sjaal en ging op weg. De bladeren vielen van de bomen en de lucht was een beetje fris, maar de zon scheen en het beloofde een mooie dag te worden. Terwijl ik liep, **dacht** ik aan hoe goed het was om een vriendin als Lily te hebben. We waren al jaren vriendinnen, sinds we elkaar op de **universiteit** ontmoetten. We kregen een band door onze voorliefde voor koffie en het kletsen in cafés. Ook al woonden we nu in verschillende delen van de stad, we kwamen nog steeds één keer per week samen om koffie te drinken. Ik kwam aan bij het café, en Lily zat daar al op me te wachten. We omhelsden elkaar en bestelden onze koffie. We vonden een tafeltje bij het raam en gingen zitten kletsen. De **koffie** was heerlijk, zoals altijd, en het was zo leuk om bij te praten met Lily. We spraken over onze week, onze banen, en onze plannen voor de toekomst. Het was altijd zo makkelijk om met Lily te praten, en ik had het gevoel dat ik haar alles kon vertellen. Na een tijdje begonnen we honger te krijgen en **besloten we** wat eten te bestellen.

We **bestelden** ons eten en zochten een plaatsje bij het raam. De zon scheen door het raam naar binnen,

varmt og lykkeligt. Vi sludrede, mens vi spiste vores mad og nød den simple glæde ved at være i hinandens **selskab**. Der var travlt på caféen, men den føltes ikke overfyldt. Der var en følelse af fred og tilfredshed i luften. Da vi var færdige med vores mad, sad vi et stykke tid endnu og nød den fredelige **atmosfære**. Vi talte i et stykke tid om forskellige ting, der var sket i vores liv. Det var så dejligt at snakke med min veninde og bare **slappe af**. Solen skinnede gennem vinduet, og det føltes som om **intet** kunne ødelægge vores perfekte dag.

Pludselig hørte jeg et højt brag. Jeg vendte mig om og så, at en mand var faldet gennem loftet og lå på gulvet foran os. Han var **dækket af** støv og vragrester og så ud til at være bevidstløs. Min ven og jeg var begge i chok, mens vi stirrede på manden, der lå på gulvet. Vi vidste ikke, hvad vi skulle gøre, eller hvem vi skulle ringe efter hjælp. Vi sad bare der og stirrede på ham, uden at vide, hvad vi skulle gøre. Efter et par minutter kom jeg ud af mig selv og ringede 112. Operatøren fortalte mig, at der snart ville være nogen på stedet. Jeg lagde røret på og fortalte min veninde, hvad **telefonisten** havde sagt. Vi sad begge bare der og ventede på, at hjælpen skulle komme. Det føltes som en evighed, men til sidst **dukkede** en ambulance op. Ambulancefolkene skyndte sig ind og begyndte at arbejde på manden.

waardoor alles warm en gelukkig aanvoelde. We babbelden terwijl we ons eten aten, en genoten van het simpele plezier om in elkaars **gezelschap** te zijn. Het was druk in het café, maar het voelde niet druk aan. Er hing een gevoel van vrede en tevredenheid in de lucht. Toen we ons eten op hadden, bleven we nog een tijdje zitten, genietend van de vredige **sfeer**. We praatten een tijdje over verschillende dingen die in ons leven waren gebeurd. Het was zo fijn om bij te praten met mijn vriend en gewoon **te ontspannen**. De zon scheen door het raam, en het voelde alsof **niets** onze perfecte dag kon verpesten.

Plotseling hoorde ik een harde klap. Ik draaide me om en zag dat een man door het plafond was gevallen en voor ons op de grond lag. Hij was **bedekt** met stof en puin en leek bewusteloos te zijn. Mijn vriend en ik waren allebei in shock toen we naar de man staarden die op de grond lag. We wisten niet wat we moesten doen of wie we moesten bellen voor hulp. We zaten daar gewoon naar hem te staren, niet wetend wat te doen. Na een paar minuten kwam ik bij en belde 911. De telefoniste zei me dat er zo iemand zou komen. Ik hing de telefoon op en vertelde mijn vriend wat de **telefoniste** had gezegd. We zaten daar allebei te wachten tot er hulp kwam. Het leek wel een eeuwigheid, maar uiteindelijk **kwam** er een ambulance. De ambulancebroeders snelden naar binnen en begonnen met de man te werken.

Forståelse spørgsmål

1. Hvor kommer manden, der falder gennem taget, fra?

2. Hvorfor er kvinden sammen med sin veninde på caféen?

3. Hvad er de to venners yndlingscafé?

4. Hvor længe har de to venner kendt hinanden?

5. Hvad er de to venners yndlingsdrink?

6. I hvilken by bor de to venner?

7. Hvor ofte mødes de to venner?

8. Hvad taler de to venner om, da de først mødes på deres yndlingscafé?

9. Hvad er de to venners yndlingsmad?

10. Hvorfor er det så nemt at tale med Lily?

Begrip vragen

1. Waar komt de man vandaan die door het dak valt?

2. Waarom is de vrouw met haar vriendin in het café?

3. Wat is het favoriete café van de twee vrienden?

4. Hoe lang kennen de twee vrienden elkaar al?

5. Wat is het favoriete drankje van de twee vrienden?

6. In welke stad wonen de twee vrienden?

7. Hoe vaak ontmoeten de twee vrienden elkaar?

8. Waar hebben de twee vrienden het over als ze elkaar voor het eerst ontmoeten in hun favoriete café?

9. Wat is het lievelingseten van de twee vrienden?

10. Waarom is het zo makkelijk om met Lily te praten?

Svømning

Poolen var altid et **forfriskende** sted at være, og i dag var det ikke anderledes. Solen skinnede, og vandet så indbydende ud. Jeg tog en dyb indånding og dykkede i vandet og følte vandets kølige favntag. Jeg svømmede omgange i et stykke tid og nød motionen og muligheden for at få renset mit hoved. Efter et stykke tid kom jeg ud og tørrede mig, hvorefter jeg satte mig på et håndklæde for at slappe af i solen. Jeg lukkede øjnene og lod **varmen** skyllede ind over mig og mærkede, hvordan mine muskler begyndte at slappe af. Pludselig hørte jeg et plask og åbnede øjnene for at se min lillesøster **padle** rundt i den lave ende. Jeg smilede og betragtede hende et stykke tid, så rejste jeg mig op og gik hen til hende. Vi sludrede lidt og padlede rundt sammen og nød hinandens selskab. Snart sluttede vores forældre sig til os, og vi tilbragte resten af eftermiddagen med at svømme og spille spil sammen. Det var altid så hyggeligt at tilbringe tid med familien i poolen. Der er **noget** ved at være i vandet, der bare synes at bringe folk sammen. Måske er det fordi vi alle er lige, når vi er i vandet - vi kan ikke skjule vores fejl eller lade som om, vi er noget, vi ikke er. Eller måske er det bare fordi det er sjovt! **Uanset hvad** grunden er, var jeg bare glad for, at vi alle kunne mødes og nyde hinandens selskab på et så specielt sted.

Gaan zwemmen

Het zwembad was altijd een **verfrissende** plek om te zijn, en vandaag was dat niet anders. De zon scheen en het water zag er uitnodigend uit. Ik haalde diep adem en dook erin, de koele omhelzing van het water voelend. Ik zwom een tijdje baantjes, genoot van de beweging en de kans om mijn hoofd leeg te maken. Na een tijdje kwam ik eruit en droogde me af, waarna ik op een handdoek ging zitten om te relaxen in de zon. Ik sloot mijn ogen en liet de **warmte** over me heen spoelen, ik voelde mijn spieren ontspannen. Plotseling hoorde ik een plons en ik opende mijn ogen om mijn kleine zusje te zien **poedelen** in het ondiepe gedeelte. Ik glimlachte en keek een tijdje naar haar, stond toen op en liep naar haar toe. We kletsten wat en peddelden samen wat rond, genietend van elkaars gezelschap. Al snel kwamen onze ouders erbij, en we brachten de rest van de middag zwemmend en spelend door. Het was altijd zo leuk om tijd met de familie in het zwembad door te brengen. Er is **iets** met in het water zijn dat mensen samenbrengt. Misschien is het omdat we allemaal gelijk zijn als we in het water zijn - we kunnen onze gebreken niet verbergen of doen alsof we iets zijn wat we niet zijn. Of misschien is het gewoon omdat het leuk is! **Wat** de reden ook is, ik was gewoon blij dat we allemaal bij elkaar konden komen en van elkaars gezelschap

Solen stod ned på min hud, og luften lugtede af klorin. Jeg kunne høre lyden af børn, der grinede og plaskede rundt i poolen. Jeg lå på en liggestol ved siden af poolen og nød solen og **nød** dagen. Jeg havde lukket øjnene og var lige ved at falde i søvn, da jeg hørte nogen komme hen til mig. Jeg åbnede mine øjne og så en kvinde stå ved siden af mig. Hun var iført en bikini og havde et håndklæde viklet rundt om livet. Hun havde langt blondt hår og blå øjne. Hun holdt en flaske **solcreme i** hånden. "Har du noget imod, at jeg smører noget solcreme på din ryg?" spurgte hun. "Nej, det er helt fint," sagde jeg og satte mig op, så hun kunne nå min ryg. Jeg mærkede hendes hænder på min hud, da hun påførte solcremen.

Hendes berøring var blid, og duften af solcreme var beroligende. Jeg lukkede øjnene igen og lod mig selv slappe af. Jeg kunne høre **lyden** af hendes bevægelser, men jeg åbnede ikke øjnene. Jeg var tilfreds med bare at ligge der i solen og lytte til lyden af bølgernes **brusen** mod kysten. Efter et par minutter gik hun væk, og jeg åbnede øjnene. Jeg så på hende, da hun gik tilbage til sin liggestol og tog sin bog op. Hun satte sig i stolen og begyndte at læse. Jeg lukkede øjnene igen og lod mig falde i søvn.

konden genieten op zo’n speciale plek.

De zon scheen op mijn huid en de geur van chloor hing in de lucht. Ik kon de geluiden horen van lachende kinderen die in het zwembad spetterden. Ik lag op een ligstoel naast het zwembad, te genieten van de zon en **de** dag. Ik had mijn ogen gesloten en wilde net in slaap vallen toen ik iemand naar me toe hoorde lopen. Ik opende mijn ogen en zag een vrouw naast me staan. Ze droeg een bikini en had een handdoek om haar middel gewikkeld. Ze had lang blond haar en blauwe ogen. Ze hield een fles **zonnebrandcrème** in haar hand. “Vind je het erg als ik wat zonnebrandcrème op je rug smeer?” vroeg ze. “Nee, dat hoeft niet,” zei ik, terwijl ik rechtop ging zitten zodat ze bij mijn rug kon. Ik voelde haar handen op mijn huid terwijl ze de zonnebrandcrème aanbracht.

Haar aanraking was zacht en de geur van de zonnebrandcrème was kalmerend. Ik sloot mijn ogen weer en liet me ontspannen. Ik kon het **geluid** van haar bewegingen horen, maar ik opende mijn ogen niet. Ik was tevreden met het feit dat ik daar in de zon lag, luisterend naar het geluid van de golven **die** tegen de kust sloegen. Na een paar minuten liep ze weg, en ik opende mijn ogen. Ik keek naar haar terwijl ze terugliep naar haar ligstoel en haar boek oppakte. Ze nestelde zich in haar stoel en begon te lezen. Ik sloot mijn ogen weer en liet me wegdrijven in slaap.

Forståelse spørgsmål

1. Hvor befandt fortælleren sig, da han begyndte historien?

2. Hvad lugter fortælleren, når han åbner øjnene?

3. Hvad hører fortælleren, da han åbner øjnene?

4. Hvis solcreme giver kvinden fortælleren?

5. Hvad drømmer fortælleren om?

6. Hvorfor er det så specielt for fortælleren at svømme i havet?

7.Hvordan føles det vand, som fortælleren svømmer i?

8. Hvad ser fortælleren, da han kommer op af vandet?

9. Hvad gør kvinden, efter at hun har smurt fortælleren med solcreme?

10. Hvad taler fortælleren og kvinden om i slutningen af historien?

Begrip vragen

1. Waar was de verteller toen hij het verhaal begon?

2. Wat ruikt de verteller als hij zijn ogen opent?

3. Wat hoort de verteller als hij zijn ogen opent?

4. Van wie is de zonnebrandcrème die de vrouw aan de verteller geeft?

5. Waar droomt de verteller over?

6. Waarom is zwemmen in de zee zo speciaal voor de verteller?

7. Hoe voelt het water aan waarin de verteller zwemt?

8. Wat ziet de verteller als hij uit het water komt?

9. Wat doet de vrouw nadat ze de verteller heeft ingesmeerd met zonnebrandcrème?

10. Waarover praten de verteller en de vrouw aan het eind van het verhaal?

Slåning af græsplænen

Klokken er 10 om morgenen en **lørdag om** sommeren, og solen skinner allerede ubarmhjertigt ned. Du går ud i garagen for at hente plæneklipperen og føler, at du er **dømt** til hårdt arbejde. Du begynder at slå græsplænen og sørger for at køre stille og roligt, så du ikke overser nogen steder. Mens du slår græsplænen, tænker du på, hvor godt det føles at være udenfor i den friske luft. Da du begynder at skubbe plæneklipperen frem og tilbage over plænen, ser du din nabo i **øjenkrogen**. Du vinker og siger hej, og han vinker tilbage.

Efter et par minutter er du færdig, og du går over til din nabo for at drikke en øl med ham i forhaven. Det er en **perfekt** dag - ikke for varmt, og der blæser en let brise. Du sidder i træets skygge og drikker din øl og snakker med din nabo. Det er dage som disse, der får dig til at sætte pris på sommeren. Så **går** man indenfor og får sig en velfortjent øl. Du falder ned i en stol på verandaen og åbner dåsen og udstøder et tilfreds suk. Lyden af plæneklipperen forsvinder i baggrunden, mens du slapper af i skyggen og nyder øjeblikkets **fred.** Øllen smager ekstra godt efter alt det hårde arbejde i varmen. Jeg var ved at gå indenfor, da jeg hørte en lyd ved

Het maaien van het gazon

Het is 10 uur 's ochtends op een zomerse **zaterdag**, en de zon schijnt al ongenadig. Je sjokt naar de garage om de grasmaaier te halen, met het gevoel dat je **veroordeeld bent** tot dwangarbeid. Je begint het gazon te maaien, en zorgt ervoor dat je het rustig aan doet, zodat je niets over het hoofd ziet. Terwijl je aan het maaien bent, denk je aan hoe goed het voelt om buiten in de frisse lucht te zijn. Terwijl u de maaier heen en weer over het gazon duwt, ziet u uw buurman vanuit uw **ooghoek**. Je zwaait en zegt hallo, en hij zwaait terug.

Na een paar minuten ben je klaar, en je gaat naar het huis van je buurman om met hem een biertje te drinken in de voortuin. Het is een **perfecte** dag - niet te warm, met een zacht briesje. Je zit daar in de schaduw van de boom, nipt van je biertje en kletst wat met je buurman. Het zijn dagen als deze die je de zomer doen waarderen. Dan **ga** je naar binnen voor een welverdiend biertje. Je ploft neer in een stoel op de veranda, trekt het blikje open en slaakt een tevreden zucht. Het geluid van de maaier verdwijnt naar de achtergrond terwijl je in de schaduw ontspant en geniet van de **rust** van het moment. Het bier smaakt extra

siden af.

Det **lød,** som om nogen græd. Jeg stoppede med at slå græs og gik hen til hegnet, der adskilte vores haver. Jeg kiggede over og så min nabo, Mrs. Johnson, grædende på sin gynge på verandaen. Jeg råbte til hende, men hun hørte mig ikke. Jeg klatrede over hegnet og gik hen til hende. "Mrs. Johnson, er du okay?" spurgte jeg. Hun kiggede op på mig med tårer i øjnene og rystede på hovedet. "Nej, jeg er ikke okay," sagde hun. "Min kat døde i går." Jeg var chokeret. Jeg vidste ikke, hvad jeg skulle sige. Jeg stod bare akavet der og vidste ikke, hvad jeg skulle gøre. Til sidst lagde jeg min hånd på hendes **skulder** og sagde: "Det er jeg ked af, fru Johnson. Hvis der er noget, jeg kan gøre for at hjælpe, så sig til. " Hun rystede på hovedet og sagde: "Nej, der er **ikke noget,** nogen kan gøre." Så rejste hun sig op og gik ind i sit hus. Jeg stod der et øjeblik og vidste ikke, hvad jeg skulle gøre. Så gik jeg tilbage til at slå min græsplæne. Da jeg blev færdig, kunne jeg ikke lade være med at tænke på fru Johnson og hendes kat.

goed na al dat harde werk in de hitte. Ik stond op het punt om naar binnen te gaan toen ik een geluid hoorde bij de buren.

Het **klonk** alsof iemand huilde. Ik stopte met maaien en liep naar het hek dat onze tuinen scheidde. Ik keek om en zag mijn buurvrouw, mevrouw Johnson, huilen op haar schommelbank. Ik riep naar haar, maar ze hoorde me niet. Ik klom over het hek en liep naar haar toe. “Mevrouw Johnson, is alles goed met u?” vroeg ik. Ze keek met tranen in haar ogen naar me op en schudde haar hoofd. “Nee, het gaat niet goed met me,” zei ze. “Mijn kat is gisteren gestorven.” Ik was geschokt. Ik wist niet wat ik moest zeggen. Ik stond daar maar wat ongemakkelijk, niet wetend wat ik moest doen. Uiteindelijk legde ik mijn hand op haar **schouder** en zei: “Het spijt me zo, mevrouw Johnson. Als er iets is wat ik kan doen om te helpen, laat het me alsjeblieft weten. “Ze schudde haar hoofd en zei: Nee, er is **niets** dat iemand kan doen. Toen stond ze op en ging haar huis binnen. Ik stond daar een ogenblik, niet wetend wat te doen. Toen ging ik verder met het maaien van mijn gazon. Toen ik klaar was, moest ik denken aan mevrouw Johnson en haar kat.

Forståelse spørgsmål

1. Hvad er klokken?

2. Hvor er den person, der slår græs?

3. Hvordan har personen det?

4. Hvorfor skal personen klippe langsomt?

5. Hvilken slags vejr er det?

6. Hvad laver personen efter græsslåning?

7. Hvad hører personen, før han går hjem?

8. Hvem er sammen med fru Johnson?

9. Hvorfor græder fru Johnson?

10. Hvad siger personen til fru Johnson?

Begrip vragen

1. Hoe laat is het?

2. Waar is de persoon aan het maaien?

3. Hoe voelt de persoon zich?

4. Waarom moet de persoon langzaam maaien?

5. Wat voor weer is het?

6. Wat doet de persoon na het maaien?

7. Wat hoort de persoon voordat hij naar huis gaat?

8. Wie is er bij Mrs Johnson?

9. Waarom huilt Mrs Johnson?

10. Wat zegt de persoon tegen Mrs. Johnson?

Få en klipning

Jeg havde i ugevis haft lyst til at blive klippet, men på en eller anden måde havde jeg altid udskudt det. Men da **julen stod for** døren, vidste jeg, at jeg ikke kunne udsætte det længere. Jeg ville ikke møde op til familiens julemiddag og ligne et sjusket rod. Så tidligt julemorgen tog jeg til salonen. Selv om det var tidligt, var salonen allerede optaget af andre mennesker, der **fik** ordnet deres hår i anledning af julen. Jeg satte mig i køen og ventede på min tur. Endelig var det min tur til at sætte mig i stolen. Stylisten, en venlig kvinde ved navn Jill, spurgte mig, hvad jeg ville have. "Bare en trimning, ikke noget drastisk," svarede jeg. Jill gik i gang og klippede mit hår. Mens hun arbejdede, begyndte jeg at slappe af. Det føltes godt at jeg endelig tog mig af mig selv. Jeg havde haft så travlt på det seneste med at løbe rundt og tage mig af alle andre, at jeg havde ladet mine egne behov gå i glemmebogen. Men ikke **længere**. Fra nu af ville jeg tage mig tid til mig selv.

Da Jill var færdig, kiggede jeg mig i spejlet og var tilfreds med det, jeg så. Mit hår så pænt og poleret ud - perfekt til feriesamtaler. Jeg **takkede** Jill og skrev en **mental** note om at komme tilbage oftere. Fra nu af vil jeg først og fremmest tage mig af mig selv. Hun gik i gang med at klippe mit hår. Jeg tænkte på, hvor

Naar de kapper

Ik wilde al weken naar de kapper, maar op de een of andere manier kon ik het steeds uitstellen. Maar met **Kerstmis voor de deur**, wist ik dat ik het niet langer kon uitstellen. Ik wilde niet op het kerstdiner van mijn familie verschijnen als een smerige puinhoop. Dus, vroeg op kerstochtend, ging ik naar de salon. Hoewel het nog vroeg was, was de salon al druk bezig met andere mensen **die** hun haar lieten doen voor de feestdagen. Ik nam plaats in de rij en wachtte op mijn beurt. Eindelijk was het mijn beurt in de stoel. De styliste, een vriendelijke vrouw die Jill heette, vroeg me wat ik wilde. “Gewoon een knipbeurt, niets te drastisch,” antwoordde ik. Jill ging aan de slag en knipte mijn haar weg. Terwijl ze werkte, begon ik te ontspannen. Het voelde goed om eindelijk voor mezelf te zorgen. Ik had het de laatste tijd zo druk gehad met voor iedereen te zorgen, dat ik mijn eigen behoeften aan de kant had laten liggen. Maar **nu** niet **meer**. Van nu af aan, zou ik tijd voor mezelf maken.

Toen Jill klaar was, keek ik in de spiegel en was blij met wat ik zag. Mijn haar zag er netjes en gepolijst uit-perfect voor vakantie bijeenkomsten. Ik **bedankte** Jill en maakte een notitie om vaker terug te komen. Van nu af aan zal ik in de eerste plaats voor mezelf

taknemmelig jeg var for, at jeg endelig havde fået tid til at blive klippet. Det føltes godt at vide, at jeg ville se præsentabel ud til **julemiddagen**. Jeg ville ikke længere skulle bekymre mig om, at min familie ville drille mig med mit "sjuskede" udseende. Efter et par minutter var stylisten færdig med at klippe mit hår og gav mig en hurtig føntørring. Jeg kiggede mig i spejlet og var tilfreds med det, jeg så - et rent og pænt look, som ville være perfekt til julemiddagen. Nu hvor min klipning var overstået, kunne jeg koncentrere mig om at nyde ferien med min familie. Og det var jeg endnu mere taknemmelig for.

Det føltes så **befriende,** og jeg elskede den måde, min nye frisure så ud på. Da jeg havde betalt for min klipning, tog jeg hjem og begyndte at pakke til min rejse. Jeg **kunne ikke** vente med at vise mit nye look frem til min familie og venner. Jeg vidste, at de ville blive overraskede, når de så mig. På dagen for min flyrejse ankom jeg til lufthavnen med god tid til overs. Jeg gik igennem sikkerhedskontrollen uden problemer, og snart var jeg på vej. Så snart jeg ankom til min destination, kunne jeg mærke spændingen i luften. Julen var helt sikkert i luften! Min familie var der for at hilse på mig i lufthavnen, og de var alle forundrede over min nye frisure. Vi tilbragte de næste par dage med at snakke **sammen** og nyde hinandens **selskab**.

zorgen. Ze begon aan mijn haar te knippen. Ik dacht eraan hoe dankbaar ik was dat ik er eindelijk aan toe was gekomen om mijn haar te laten knippen. Het voelde goed om te weten dat ik er toonbaar uit zou zien voor **het kerstdiner**. Ik hoefde me geen zorgen meer te maken dat mijn familie me zou plagen over mijn "smerige" uiterlijk. Na een paar minuten was de styliste klaar met het knippen van mijn haar en föhnde ze me snel. Ik keek in de spiegel en was blij met wat ik zag: een strak geknipt kapsel dat perfect zou zijn voor het kerstdiner. Nu mijn kapsel achter de rug was, kon ik me concentreren op de feestdagen met mijn gezin. En daar was ik nog dankbaarder voor.

Het voelde zo **bevrijdend**, en ik hield van de manier waarop mijn nieuwe kapsel eruit zag. Nadat ik voor mijn kapsel had betaald, ging ik naar huis en begon ik in te pakken voor mijn reis. Ik **kon niet** wachten om mijn nieuwe look aan mijn familie en vrienden te tonen. Ik wist dat ze verrast zouden zijn als ze me zouden zien. Op de dag van mijn vlucht kwam ik ruim op tijd aan op de luchthaven. Ik ging zonder problemen door de beveiliging en al snel was ik op weg. Zodra ik op mijn bestemming aankwam, kon ik de opwinding in de lucht voelen. Kerstmis hing zeker in de lucht! Mijn familie was er om me op de luchthaven te begroeten, en ze waren allemaal verbaasd over mijn nieuwe kapsel. We brachten de volgende dagen door **met bijpraten** en genieten van elkaars **gezelschap**.

Forståelse spørgsmål

1. Hvad skulle hovedpersonen gøre inden jul?

2. Hvordan havde hovedpersonen det med at tage sig af sig selv?

3. Hvem klippede hovedpersonens hår?

4. Hvorfor ville hovedpersonens familie drille hende?

5. Hvordan følte hovedpersonen sig efter at have fået klippet sit hår?

6. Hvad gjorde hovedpersonen efter at have fået klippet sit hår?

7. Hvad var hovedpersonens families reaktion på hendes klipning?

8. Hvad lavede hovedpersonen juleaften?

9. Hvad gjorde hovedpersonens oplevelse mere speciel?

10. Hvad ville der ske, hvis hovedpersonen ikke blev klippet?

Begrip vragen

1. Wat moest de hoofdpersoon doen voor Kerstmis?

2. Hoe vond de hoofdpersoon het om voor zichzelf te zorgen?

3. Wie heeft het haar van de hoofdpersoon geknipt?

4. Waarom ging de familie van de hoofdpersoon haar plagen?

5. Hoe voelde de hoofdpersoon zich nadat ze naar de kapper was geweest?

6. Wat heeft de hoofdpersoon gedaan nadat ze naar de kapper is geweest?

7. Wat was de reactie van de familie van de hoofdpersoon op haar kapsel?

8. Wat deed de hoofdpersoon op kerstavond?

9. Wat maakte de ervaring van de hoofdpersoon specialer?

10. Wat zou er gebeuren als de hoofdpersoon niet naar de kapper zou gaan?

Parken

Solen var ved at gå ned, og parken var tom. Jeg sad på bænken og ventede på min **ven**. Vi havde planlagt at mødes her for en time siden, men hun kom altid for sent. Lige da jeg var ved at give op og gå hjem, så jeg hende løbe hen imod mig. “Jeg er så ked af det,” gispede hun, da hun nåede frem til bænken. “Mit tog blev **forsinket**.” “Det er i orden,” sagde jeg **tilgivende**. “Jeg er selv lige kommet.” Vi satte os ned og snakkede lidt og fik snakket lidt om hinandens liv, siden vi sidst mødtes. Samtalen flød **let,** og det føltes, som om der slet ikke var gået nogen tid, siden vi sidst så hinanden. Da solen gik ned, tog vi afsked og gik hver til sit. Næste gang vi mødtes, var det i en anden park. Igen var hun sent på den, men det gjorde mig ikke noget. Det var rart at have nogen at tale med, som **forstod** mig. Vi talte om vores drømme og **ambitioner,** om ting, vi ville gøre med vores liv. Hun fortalte mig om sine planer om at rejse rundt i verden, og jeg delte min drøm om at blive forfatter. Da solen gik ned på endnu en dag, sagde vi farvel endnu en gang og lovede at holde kontakten denne gang.

Årene gik, og vores **venskab** var stadig stærkt, selv om vi nu boede i forskellige dele af landet. Vi holdt kontakten gennem breve og lejlighedsvise

Het park

De zon ging onder, en het park was leeg. Ik zat op het bankje te wachten op mijn **vriendin**. We hadden hier al een uur geleden afgesproken, maar ze was altijd te laat. Net toen ik het wilde opgeven en naar huis wilde gaan, zag ik haar naar me toe rennen. “Het spijt me zo,” hijgde ze toen ze de bank bereikte. “Mijn trein **had vertraging**.” “Het is goed,” zei ik **vergevingsgezind**. “Ik ben hier net zelf.” We gingen zitten en praatten een poosje, praatten bij over elkaars leven sinds we elkaar voor het laatst zagen. Het gesprek verliep **vlot**, en het leek alsof er helemaal geen tijd was verstreken sinds we elkaar voor het laatst hadden gezien. Toen de zon onderging, namen we afscheid en gingen onze eigen weg. De volgende keer dat we elkaar zagen, was in een ander park. Weer was ze te laat, maar dat vond ik niet erg. Het was fijn om iemand te hebben om mee te praten die me **begreep**. We spraken over onze dromen en **aspiraties**, dingen die we wilden doen met ons leven. Zij vertelde me over haar plannen om de wereld rond te reizen, en ik deelde mijn droom om schrijfster te worden. Toen de zon weer onderging, namen we afscheid van elkaar en beloofden we elkaar dit keer te blijven zien.

Jaren gingen voorbij, en onze **vriendschap** bleef sterk,

telefonopkald, hvor vi delte nyheder om vores liv med hinanden. Da hun meddelte, at hun skulle giftes, var jeg ikke **overrasket** - hun havde altid været den **eventyrlystne** type. Men da hun spurgte mig, om jeg ville være hendes brudepige ved hendes bryllupsceremoni, der fandt sted på den anden side af jorden fra hvor jeg boede... det krævede noget overtalelse! I sidste ende kunne jeg dog ikke lade min bedste veninde blive gift uden mig ved hendes side, så på trods af min frygt (og efter mange bønner fra hende!) **gik** jeg med til at tage med på det, der viste sig at blive et af sit livs **eventyr.**

Bryllupsdagen kom endelig. Jeg var nervøs, men spændt på at være en del af et så vigtigt øjeblik i min venindes liv. Ceremonien var smuk, og hun så glad ud, da hun afgav sine løfter. **Bagefter** fejrede vi det med en stor fest - det virkede som om alle, hun kendte, var kommet for at fejre med hende! Det var en **magisk** dag, som jeg aldrig vil glemme, og vores venskab blev kun stærkere efter dette eventyr. Nu, mange år senere, holder vi stadig kontakten. Vi har begge **ændret os** meget, siden vi mødtes første gang, men vores venskab er lige så stærkt som nogensinde.

ook al woonden we nu in verschillende delen van het land. We hielden contact door middel van brieven en af en toe telefoontjes, waarbij we nieuws over ons leven met elkaar deelden. Toen ze aankondigde dat ze ging trouwen, was ik niet **verbaasd** - ze was altijd al een **avontuurlijk** type geweest. Maar toen ze me vroeg of ik haar bruidsmeisje wilde zijn op haar huwelijksceremonie, dat halverwege de wereld zou plaatsvinden, van waar ik woonde... daar was wel wat overtuigingskracht voor nodig! Maar uiteindelijk kon ik mijn beste vriendin niet laten trouwen zonder mij aan haar zijde, dus ondanks mijn angsten (en na veel smeken van haar!) **stemde** ik ermee in om mee te gaan op wat het **avontuur** van mijn leven bleek te zijn.

De dag van de **bruiloft was** eindelijk aangebroken. Ik was nerveus, maar opgewonden om deel uit te maken van zo'n belangrijk moment in het leven van mijn vriendin. De ceremonie was prachtig, en ze zag er gelukkig uit toen ze haar geloften aflegde. **Daarna** vierden we het met een groot feest - het leek wel of iedereen die ze kende was gekomen om het met haar te vieren! Het was een **magische** dag die ik nooit zal vergeten, en onze vriendschap is na dat avontuur alleen maar sterker geworden. Nu, jaren later, houden we nog steeds contact. We zijn allebei veel **veranderd** sinds we elkaar voor het eerst ontmoetten, maar onze vriendschap is nog even sterk als altijd.

Forståelse spørgsmål

1. Hvor mødtes forfatteren og hendes veninde første gang?

2. Hvorfor kom forfatterens ven for sent til deres møde?

3. Hvad talte vennerne om, da de mødtes igen flere år senere?

4. Hvordan havde forfatteren det med at deltage i sin venindes bryllupsceremoni?

5. Beskriv rammerne for bryllupsceremonien.

6. Hvordan har venskabet mellem de to kvinder ændret sig med tiden?

7. Hvad er forfatterens drøm?

8. Hvor vil forfatterens ven rejse hen?

9. Hvorfor tøvede forfatteren med at deltage i sin venindes bryllupsceremoni?

Begrip vragen

1. Waar hebben de auteur en haar vriendin elkaar voor het eerst ontmoet?

2. Waarom was de vriend van de auteur te laat op hun afspraak?

3. Waar hadden de vrienden het over toen ze elkaar jaren later weer ontmoetten?

4. Hoe vond de schrijfster het om de huwelijksceremonie van haar vriendin bij te wonen?

5. Beschrijf de omgeving van de huwelijksceremonie.

6. Hoe is de vriendschap tussen de twee vrouwen in de loop der tijd veranderd?

7. Wat is de droom van de auteur?

8. Waar is de vriend van de schrijver van plan heen te reizen?

9. Waarom aarzelde de schrijfster om de huwelijksceremonie van haar vriendin bij te wonen?

www.ingramcontent.com/pod-product-compliance
Lightning Source LLC
LaVergne TN
LVHW010601160826
845677LV00013B/3208

* 9 7 9 8 8 4 7 9 9 5 6 1 0 *